KB205452

기도란 무엇인가?

누가복음과 사도행전에서 배우는 기도

합신 포켓북 시리즈 08

기도란 무엇인가

초판 1쇄　2019년 11월 25일

발 행 인　정창균
지 은 이　김영호
펴 낸 곳　합동신학대학원출판부
주　　소　16517 수원시 영통구 광교중앙로 50 (원천동)
전　　화　(031)217-0629
팩　　스　(031)212-6204
홈페이지　www.hapdong.ac.kr
출판등록번호　제22-1-2호
인 쇄 처　예원프린팅 (031)902-6550
총　　판　(주)기독교출판유통 (031)906-9191

ISBN　978-89-97244-74-4
값　7,000원

이 도서의 국립중앙도서관 출판예정도서목록(CIP)은 서지정보유통지원시스템
홈페이지(http://seoji.nl.go.kr)와 국가자료종합목록시스템(http://www.nl.go.kr/
kolisnet)에서 이용하실 수 있습니다. (CIP제어번호 : CIP2019044933)

기도란 무엇인가

누가복음과 사도행전에서 배우는 기도

김영호

합신대학원출판부

발간사

우리는 정통개신교신자들입니다. 정통개신교는 명실 공히 종교개혁신학의 가르침과 전통에 서 있습니다. 그러나 우리의 신학은 단순히 개혁자들의 가르침들을 재진술하는 정도에 머물러서는 안됩니다. 전문신학자들의 사변적 논의와 신학교 강의실에만 갇혀있어서도 안됩니다. 그것은 평범한 신자들이 알아들을 수 있는 말로 현장의 그들에게 전달되어야 합니다. 그리고 그들이 현장에서 늘 경험하는 현실의 문제들을 말해주어야 합니다. 다른 말로 하면, 우리의 신학은 오늘의 현장에서 작동하는 것이어야 합니다. 이것은 개혁신학을 탐구하는 신학도들이 걸머져야 할 중요한 책임입니다. 우리는 "신학의 현장화"라는 말로 이것을 요약해왔습니다.

"합신 포켓북 시리즈"는 이러한 노력의 일환으로 합신이 펼치는 하나의 시도입니다. 현장에서 신앙인들이 직면하는 특정의 문제, 혹은 신학이나 성경의 주제를 이해하기 쉬운 일상의 말로 풀어서 분량이 많지 않은 소책자의 형식에 담았습니다. 모든 신앙인들이 관심 있는 특정의 주제를 부담 없이 접하고 어려움 없이 이해하여 현장의 삶에 유익을 얻도록 안내하려는 것이 이 시리즈의 목적입니다. 이 시리즈의 책들을 교회에서 독서클럽의 교재로 사용할 수도 있습니다. 담임목회자들은 교회의 특별집회의 주제로 이 책을 선정하여 성도들이 이 책을 읽고 집회에 참여하도록 할 수도 있습니다.

현장에서 작동하는 신학이 되어야 한다는 신념으로 합신의 교수들이 정성을 들여 펼쳐내는 "합신 포켓북 시리즈"가 이 나라 교회현장의 신앙인들에게 이곳저곳에서 큰 유익을 끼치게 되기를 기대합니다.

합동신학대학원대학교
총장 정 창 균

들어가는 말

누가복음-사도행전에는 기도가 자주 나옵니다. 횟수가 압도적으로 많기도 하지만, 다른 복음서 저자는 말하지 않는데, 누가만 말하는 경우가 적지 않습니다. 예수님이 세례를 받으실 때, 물에서 올라오시면서 기도하셨습니다(눅 3:21; cf. 마 3:16; 막 1:10). 제자들을 자신에게 부르시고, 그들 중 열두 명을 사도로 택하기 전에도 밤이 맞도록 기도하셨습니다(눅 6:12; cf. 마 10:1; 막 3:13). 주기도도 마찬가지입니다. 마태복음에서는 산상수훈의 한 부분이지만, 누가복음에서는 예수님이 기도하실 때, 제자들이 요청하여 제시한 것으로 나옵니다(눅 11:1; cf. 6:7-8).

자연스럽게 질문이 생깁니다. '누가는 왜 기도를 자주 말하는가?' 물론 역사적으로 예수님과 사도들, 초대교회 그리스도인들이 기도를 했기 때문입니다.

자주 했고, 많이 했으며, 중요하게 생각했기 때문입니다(cf. 행 1:14; 2:42; 6:4). 그래서 누가의 기록에 남은 것입니다. 하지만 누가에게 남다른 감수성이 있었기 때문이기도 합니다. 누가는 예수님의 이야기나 초대교회 역사를 보고 들을 때, 남들이 지나치는 것을 포착했습니다. 바울이 빌립보에 갔을 때, 회당이 없어 "기도처를 찾았다"는 표현이나(행 16:13), "한밤중에 바울과 실라가 기도하고 찬송했다"는 보도가 그 예입니다(16:25). 이것은 누가가 처음 복음역사에 참여한 일과 무관하지 않을 것입니다(cf. 16:10; "우리").

두 가지 궁금증이 있었습니다. 하나는 누가-행전의 기도 본문에 대한 궁금증이었습니다. 누가-행전을 전공한 사람으로서 성경을 연구하는 큰 즐거움이 있었습니다. 다른 하나는 기도에 대한 궁금증이었습니다. 기도에 성숙하지 못한 사람으로서 기도를 배우는 즐거움이 있었습니다. 그러면서 예수님과 사도들, 초대교회 그리스도인들은 다양한 상황에서 많은 기도를 했지만, 한 가지 공통점이 있다는 것을 알게 되었습니다. 예수님과 사도들, 초기 그리스도인들은 기도 중에 아직 보이지 않는 길을 찾고, 기도하며 그 길을 더욱 선명하게 보고 걸어갔다는 것입니다.

아우구스티누스는 삼위일체론을 쓸 때, "나는 쓰고 싶지 않다. 오히려 듣고 싶고 읽고 싶다"고 말했습니다. 같은 심정입니다. 기도는 경험지식이라고 하는데, 그 말이 맞습니다. 아무리 정돈된 지식이 있더라도 자신이 직접 하지 않으면 체득할 수 없습니다. 이 작은 책이 무언가 말하려하기보다 들으려하는 모든 사람에게 성경을 알아가는 즐거움과 기도를 실천하는 일에 도움이 되기를 바랍니다.

2019년 10월 21일
서재에서 김영호

김영호

합동신학대학원대학교 교수(신약)
합신 게르할더스 보스 프로젝트 디렉터
독일 본 대학교 Dr. theol. (신약학)

1

누가가 전해주는 기도

누가복음과 사도행전에서 우리는 다양한 사람들이 다양한 상황에서 했던 기도를 만납니다. 이 기도들은 때로 자세하게 기록되었고 때로 암시적으로 언급합니다. 때로는 높은 산처럼 때로는 낮은 계곡처럼 나타나고, 때로 강처럼 선명한 선을 그리기도 하고, 때로 나무 그늘처럼 보이기도 합니다. 누가는 사라져버릴 목소리와 영혼의 울림을 역사에 기록했습니다. 그래서 오고오는 모든 신자들에게 예수님과 초대교회의 기도하는 모습을 보여주고, 그 기도에 참여하게 했습니다. 그 모습은 어떠했으며, 그 기도의 내용은 무엇이었을까요?

예수님

예수님이 공적사역을 시작하셨을 때, 그분이 권세자라는 것이 곧 나타났습니다. 예수님은 바람과 파도 등 자연을 지배하는 권세, 질병과 죽음을 지배하는 권세, 죄를 사하는 권세를 가진 분이었습니다. 이것이 대중 앞에 나타난 그분의 모습이었습니다.

그러면 예수님의 공생애 중 일상은 어떠했을까요? 일상에서 예수님은 기도자였습니다.

예수님은 새벽에 기도하셨고, 한적한 곳에서 기도하셨으며, 밤이 맞도록 기도하셨고, 영광스러운 모습으로 변모되기 전 기도하셨습니다. 그분은 갈릴리를 떠나 예루살렘 여행하는 도중에서도 기도를 쉬지 않으셨고, 베드로를 위해 특별히 기도하셨고, 십자가를 앞두고서도, 십자가 위에서도 기도하셨습니다:

	시기	장소	누가복음	상황
1	새벽에	---	4:42 (막:35-38)	많은 치유 후

2	---	한적한 곳	5:16	많은 치유 후
3	밤새 도록	---	6:12-16	제자들을 세우시기 전
4	---	따로	9:18	오병이어; 베드로의 고백 전
5	---	산	9:28	변화되시기 전
6	---	---	11:1-4	주기도
7	유월절	예루살렘	22:31-32	베드로를 위해
8	---	겟세마네	22:39-46	"잔", 아버지의 뜻
9	---	십자가 위	23:34	죄용서
10	죽음 직전	---	23:46	영혼을 아버지께 부탁

이 기도에는 예수님이 평소에 시간관리를 어떻게 하셨고, 어떤 기준과 우선순위를 따라 자기관리를 하셨는지 나타나 있습니다.

주님이 얼마나 규칙적으로 기도하셨는가, 얼마나 의지적으로 기도하셨는가를 아는 것은 어렵지 않습니다. 예수님은 저녁에 기도하셨습니다.

> 예수께서 큰 소리로 불러 이르시되
>
> 　아버지,
>
> 　내 영혼을 아버지 손에 부탁하나이다
>
> 하고 이 말씀을 하신 후 숨지시니라(눅 23:46).

이것은 예수님이 십자가에서 마지막으로 하신 기도입니다. 여기서 예수님이 저녁에 기도하셨다는 사실을 알 수 있습니다. 왜냐하면 이 기도는 사실 유대인들이 잠자기 전에 늘 하는 기도였기 때문입니다. 탈무드에 랍비 아바에(Abaje; 338/339에 죽음)의 말이 나오는데, 유대인들은 시편 31:6로 기도했습니다.

탈무드 베라코트 5a	시편 31:6
당신의 손에 나의 영혼을 부탁하나이다, 여호와, 참 하나님이시여! 당신은 나를 구속하셨나이다.[1]	여호와여, 내가 나의 영을 주의 손에 부탁하나이다

여기서 주목해야 합니다. 그리스도께서 이 기도를 십자가에서 하고 있다는 사실을! 예수님은 이 기도에 따라 십자가의 고통과 절망의 심연에서 기도하셨습니다. 어린아이처럼 하나님을 전적으로 신뢰하셨습니다. 이것은 예수님의 기도습관이 얼마나 철저했는지 보여줍니다. 예수님은 생명의 빛이 다하는 순간에도 어릴적부터 해 오던 기도를 드리신 것입니다.

나아가 예수님은 새벽에 기도하셨습니다. "날이 밝으매 예수께서 나오사 한적한 곳으로 가셨다"(눅 4:42). 날이 밝으면 바쁜 일정이 시작되고 다른 것을 생각할 틈이 전혀 없었습니다(cf. 눅 8:23; cf. 막 6:31). 예수님은 자신의 의식과 뜻이 흩어지는 것을 막고 하나님의 계획에 주파수를 맞추기 위해 사람들이 활동을 시작하기 전 시간을 택하셨습니다. 이것은 아마도 의지를 가지고 만든 습관으로 보입니다. 왜냐하면 보통 유대인들은 아침에 일어나면서 기도하고, 이 기도로 하루를 시작했기 때문입니다. 몇몇 특별한 지도자들이 일찍, 곧 새벽에 일어나는 경우가 있으나, 드물어서 예외로 볼 수 있습니다(cf. 수 3:1; 6:12).

하지만 예수님은 저녁과 새벽뿐만 아니라 낮이라도 필요하다고 판단하시면 과감히 군중과 제자들, 문명을 떠나 외딴 곳으로 가셨습니다(cf. 5:16; 9:18)

여기서 "외딴 곳" 또는 "한적한 곳"이란 "황폐한 장소"(ἔρημος τόπος)를 말합니다. 광야일 수도 있고, 사막과 같이 거친 곳일 수도 있습니다. 이렇게 사람이 없는 외진 곳으로 물러나는 일이 언제 일어납니까? 새벽이든 낮이든 구애되지 않았습니다(4:42; 5:16). 그러나 공통점이 하나 있습니다. 주님께서 "황폐한 장소"로 가실 때는, 기적이나 치유가 집중적으로 일어난 후이거나, 중요한 일을 앞둔 때였습니다. 예수님은 중풍병자나 많은 병자들을 고치신 후 바로 황량한 곳으로 가셨습니다. 예수님은 사도들의 선택이나 메시야 계시를 앞두고 산에 올라가 기도하셨습니다(6:12; 9:18, 28).

왜 그렇게 하셨을까요? 예수님은 사람들의 칭

송과 높아가는 명성에 신경쓰지 않고, 복음을 선포하는 본연의 임무에서 시선을 떼지 않으셨습니다. 예수님은 사람들의 반응과 요구 때문에 자신의 본연의 임무에서 멀어져 주변 일에 빠질 위험이 있다는 점을 간파한 것입니다. 예수님은 이 일을 단호히 거부하고[2], 칭송과 놀라움이 있는 자리가 아니라 다른 곳으로 이동하기로 결단했습니다. 그런데 이 인식과 경성, 결단에 앞서 기도가 있었던 것입니다. 다시 말해서 예수님은 새벽에 기도하신 후에 자신의 임무를 더 명확하게 인식하신 것입니다. 인식할 뿐만 아니라 선언하시고 과감히 낯선 곳으로 걸음을 옮기신 것입니다. "내가 다른 동네들에서도 하나님의 나라 복음을 전하여야 하리니 나는 이 일을 위해 보내심을 받았노라"(4:43).

여기서 "병고침"과 "하나님 나라 복음 전파"를 서로 상반되는 것으로 여기고 예수님은 명성과 칭송을 불러오는 치유를 버리고 하나님 나라를 전파하시기 위해 떠났으며, 이것이 예수님의 기도의 주 내용이었다고 생각해서는 안됩니다. 이것은 예수님이 안식일에 행하신 일을 근본적으로 오해한 것입니다. 예수님은 병고침 자체를 위해 치유를 행하신 것이 아닙니다. 치유 또한 종말론적 하나님 나라가 예수님과 함께 왔다는 사실을 전하는 '언어'였습니다. 예수님을 통해 은혜의 시대가 열렸고, 종말론적 은혜의 해가 임했습니다. 예수님은 치유를 받은 사람이나 치유받는 현장을 목격한 사람들이 이것을 보기를 원하셨습니다.

그러면 초대교회 그리스도인들이 기도할 때 모습은 어떠했습니까?

초대교회 신자들

사도행전에는 여러 종류의 기도가 나옵니다.

첫째는 내용도 분명하고 응답도 분명한 기도입니다. 예를 들어, 사도들이 산헤드린에서 풀려나와 동료들과 함께 한 기도입니다. 하나님은 이 기도에 명백한 표적으로 응답하셨습니다. "그들이 모인 곳이 진동하고 무리가 다 성령으로 충만해졌다"(행 4:23-31). 그 순간뿐만 아니라 이후에도 응답하셨습니다. 하나님이 계속해서 표적과 기사로 그들이 전한 복음을 확증하신 것입니다(4:30; cf. 5:12; 5:19-20; 6:8; 19:11 등).

둘째, 기도의 내용은 명확하지 않으나 응답은 분명한 경우입니다. 예를 들면, 바울과 실라가 빌립보 감옥에서 했던 기도입니다. 이 두 사람은 부당한 박해를 받은 후에도 "한밤중에 기도하고 찬송하였습니다"(16:25). 어떤 기도였는지 모릅니다. 그러나 "찬송하였다"는 말은 상황을 뛰어넘은 은혜의 역사가 있었다는 것을 암시합니다. 독자들은 그들에게 세상이 이해할 수 없는 감사가 있었다는 점을 추측할 수 있습니다. 고넬료의 기도도 여기에 해당합니다. 독자들은 고넬료가 유대인들의 정기적인 기도시간인 "제 9시"(오후 3시쯤)에 무엇을 위해 기도했는지 모릅니다. 다만 한참 후에 베드로의 증언에서 고넬료가 자신과 자신의 온 집의 구원을 갈망했다는 것을 알 수 있습니다(cf. 행 11:14).

마지막으로 본문이 기도한다는 사실만 알릴 뿐 기도의 내용도 기도에 대한 응답도 직접적으로 드러나지 않은 경우입니다. 심지어 기도자들에게도 자신들이 구한 내용이 응답받으리라는 기대가 없습니다. 사도행전 12장에 나오는 예루살렘 교회의 기도가 바로 이런 경우입니다.

지금까지 누가복음과 사도행전에 나타나는 기도를 조망해 보았습니다. 이제 누가가 역사에 기록한 기도들 중 몇 가지를 자세히 살펴보겠습니다. 예수님의 기도 중 셋과 초대교회 기도 중 하나에 집중하겠습니다.

2

세례에서 예수님이 하신 기도

이 본문에는 예수님의 세례 사건이 나옵니다. 단 한 문장으로 기록한 사건입니다.[3] 누가는 이 한 문장으로 두 차원을 연결합니다. 하나는 땅의 차원이고, 다른 하나는 하늘의 차원입니다. 땅에서는 온 백성이 세례를 받고, 하늘에서는 하늘이 열리고 성령이 내려오며 소리가 나는데, 이 일이 예수님이 기도하시는 동안에 일어났다는 것입니다.

여기서 하나의 질문이 생깁니다. '그렇다면 예수님이 세례를 받으시면서 하신 기도의 내용은 무엇인가? 어떤 의미인가?' 하는 것입니다.

예수님의 메시야적 세례와
기도에 대한 견해들

　먼저 예수님의 세례에 대한 몇 가지 견해를 소
개하겠습니다. 많은 사람들이 예수님의 세례가 공
생애 직전에 있다는 사실을 관찰했습니다. 실제로
예수님이 공적 사역을 시작하셨을 때, 이미 시험을
받으신 후였고, 그 전에 이미 세례를 받으신 뒤였
습니다. 이때 성령이 비둘기 같은 형상으로 내려오
시는데, 이것을 성령 충만으로 해석합니다. 따라서
예수님의 세례는 공적 사역을 위한 "준비"요 "무
장"이었다는 것입니다. 사건의 순서와 동반 현상
에 근거한 설명이라고 할 수 있습니다. 예수님께서
공적 사역을 준비하시기 위해 세례를 받으셨고, 그
사역을 효과적으로 수행하기 위해 성령으로 충만
해질 필요가 있었다는 것입니다.

　하지만 이 설명은 무언가 부족합니다. 누가복음
에 따르면, 성령이 오신 때는 예수님이 세례 받으
신 때가 아닙니다. 기도하실 때였습니다(눅 3:21-22).

　그래서 사람들은 예수님의 세례의 의미를 다시

한번 생각해 보게 되었습니다. 특히 누가-행전의 기도신학을 찾는 주석가들과 연구자들이었습니다. 이들에 따르면, 예수님의 지상생애에서 중요한 지점마다 기도가 나타납니다. 기도는 공생애 시작 전에도 있고, 십자가 고난 전에도 나옵니다.

세례시 기도 - 공생애 시작
겟세마네 기도 - 십자가 고난

이 관찰에 근거하여 그들은 주장합니다. '세례는 예수님의 공적 사역을 출범하게 하는 사건이다. 뿐만 아니라 예수님의 죽음과 부활을 미리 성취하는 사건이다'라고 말입니다. 예수님의 메시야 사역이 세례에 응축되어 있는 것으로 해석한 것이죠.[4)]

그러나 이 설명에도 역시 아쉬운 점이 없지 않습니다. 왜냐하면 예수님의 세례가 그의 십자가 죽음과 부활의 성취라고만 할 뿐 이 성취와 예수님의 기도가 무슨 관계가 있는지 밝혀주지 않기 때문입니다. 이 해석 역시 예수님의 기도가 더 중요한 일을 위한 보조적 일이라고 말할 뿐입니다. 더 핵심적인 일의 시작을 알리는 신호 역할을 할 뿐이라고 본 것입니다. 더 큰 문제점은 이것입니다. 이 해석은 예수님이 세례를 받으실 때, 동반하는 세 현상들을 설명하지 못합니다. 다시 말하면, "하늘이 열리고", "성령이 비둘기 형상으로 예수님 위에 내려오시며", "하늘에서 소리가 나는" 일들이 따로 움직입니다. 서로 아무런 연관성이 없습니다. 이 일들과 예수님의 기도도 아무런 관련이 없습니다. 따라서 본문은 해석을 기다리고 있는데, 이 설명은 그 본문의 요구에 부응하지 못합니다.

예수님의 기도는 보조적인 일이 아닙니다. 시작을 알리는 신호도 아닙니다. 메시야 사역의 핵심 자체요 시작 자체입니다. 이 점을 알아보기 위해서 두 가지가 필요합니다. 먼저 예수님의 세례와 기도의 위치를 생각해 보는 것입니다. 다음으로 예수님의 기도와 세 가지 현상들의 관계를 밝혀야 합니다.

예수님의 세례와 기도의 위치

예수님의 세례와 기도는 그분의 생애에서 어디에 위치할까요? 이제 시야를 좀더 넓혀보겠습니다. 누가복음 3:21-22의 앞뒤 문맥을 살펴보면, 이 사건은 세례요한의 활동 마지막 단계(3:15-20) 직후에 등장합니다. 동시에 예수님이 공적사역을 시작하시는 단계(3:23 이하) 바로 직전에 나옵니다. 그러므로 순서는 이렇습니다:

	누가복음
세례요한의 회개의 세례운동	3:1-20
예수님의 세례와 기도	3:21-22
예수님의 사역시작 및 족보	3:23-38

요한의 세례 사역이 무르익고 있을 때, 사람들은 '혹시 요한이 그리스도가 아닌가'하고 생각했습니다(3:15). 이에 세례요한은 장차 오실 메시야를 소개합니다. "그는 물이 아닌 불과 성령으로 세례를 주실 자이시며, 종말론적 심판을 행하실 이시

다"(3:16-17). 이때 예수님은 온 백성이 받는 세례와 똑같은 세례를 받으셨습니다. 일차적으로 이것은 "요한의 세례"라는 구속사의 거대한 흐름이 절정에 이르렀을 때, 예수님이 그 운동에 참여하신 것을 가리킵니다. "온 백성이 세례를 받는" 일이 역사상 일어났을 때(cf. 렘 3:12; 4:1; 31:21; 호 14:1), 그 백성들 가운데 들어오신 것입니다. 나아가 예수님은 자기 백성들과 동일한 처지에 들어가셨다는 사실을 가리킵니다. 메시야요 왕이신 분이 백성들과 자신을 동일시하셨다는 말입니다. 죄가 없으신 분이 죄와 죄책이 있는 죄인이 되셨다는 말입니다. 죄를 알지도 못하신 분이 우리를 위하여 죄가 되셨다는 것을 뜻합니다(cf. 고후 5:21).

하지만 여기서 그치지 않습니다. 만일 예수님의 세례가 도덕적 측면에서 자신을 자기 백성과 동일시한 것이라면, 예수님의 기도는 회개기도가 될 것입니다. 세례를 받으신 후, 자신이 동일시한 죄와 허물이 있는 자기 백성들을 대신하여 회개한 것이 됩니다. 하지만 누가복음-사도행전을 비롯한 성경 어디에서도 예수님이 회개기도를 했다는 기록이 없습니다.

　나아가 이 해석은 예수님의 세례와 기도 뒤에 나오는 세 가지 초자연적 현상들도, 그 후에 이어지는 족보도 설명하지 못합니다. 만일 예수님께서 세례를 통해 자신과 자기 백성을 동일시하신 것이 사실이라면, 이 동일시는 초월적인 현상들과도 족보와도 관련이 있을 것입니다. 그렇다면 예수님이 세례를 받으실 때 자신과 자기 백성을 동일시 하셨다면, 이것은 메시야와 그의 백성 사이의 "도덕적 관계" 이상입니다.

　그러면 도덕적 차원의 동일시가 아니라면 어떤 차원의 동일시입니까? 이 질문에 대한 실마리는 두 가지를 살펴봄으로써 얻을 수 있습니다. 첫째는 예수님이 사역을 시작하셨을 때, 성경이 이것을 어떻게 묘사하는지 살펴보는 것입니다. 둘째는 성경이 이 사역을 시작하신 예수님을 누구라고 소개하는지 보는 것입니다.

　예수님은 자신의 사역을 어떻게 시작합니까? 성경은 대답합니다. '예수님은 자신의 공적 사역을

약 30세에 시작하셨다.' 그러면 그 예수님은 누구
십니까? 성경은 대답합니다. '당시 사람들은 예수
님을 요셉의 아들로 알았다(3:23). 요셉을 거슬러
올라가면 다윗, 더 올라가면 아브라함, 끝에 이르
면 아담, 궁극적으로는 하나님이 계시다(3:23-38).'
그것입니다. 즉 새로운 일의 "시작자"는 "하나님
의 아들"이라는 것입니다.

예수님의 세례와 세 가지 현상들, 예수님의 기
원이 모두 연결된다면, 그것은 어떤 내용입니까?
이 중대한 시점에 예수님은 두 가지 차원에서 자
신을 자기의 백성들과 더 깊이 온전히 동일시하셨
습니다. 그 두 차원이란 인간의 존재방식과 언약백
성의 본질입니다. 예수님은 이미 성육신하심으로
써 인류와 결합하셨습니다. 예수님은 할례를 받으
심으로써 이스라엘과 연합하셨습니다. 그런데 이
제 세례를 받으심으로써 예수님은 구속이 필요한
자기의 백성과 하나가 되신 것입니다. 이로써 이스
라엘을 넘어서 창세부터 종말까지 메시야가 인류
와 독특하고도 완전하게 연합하는 일이 완성된 것

입니다. 예수님은 바로 이런 입장에서 기도하셨습니다.

그렇다면 예수님의 세례 사건은 보통 일이 아닙니다. 예수님의 세례가 그분이 사역을 시작하기 앞서 일어났다는 순서 때문만이 아닙니다. 그분을 소개한 세례요한이 종말론적 선지자이기 때문만도 아닙니다. 그분의 세례가 기도와 연결되어 있고, 이 기도는 하늘과 땅에 근본적으로 새로운 일을 예고하기 때문입니다.

그러면 예수님의 기도와 세 가지 동반현상 사이에는 어떤 관계가 있습니까?

예수님의 요청과 하나님의 응답

누가의 증언에 따르면, 예수님이 "기도하시는 동안" 하늘이 열렸습니다. 그렇다면 하늘이 열리는 것이 예수님의 기도와 깊은 관련이 있을 것입니다. 적어도 예수님이 이것을 핵심적으로 요청한 것이 분명합니다.

오 주여 하늘을 가르고 강림하소서! _(cf. 눅 3:21c)

"하늘이 열리는 것", 이것은 무엇이었을까요? 그것은 선지자들의 요청이었습니다. 선지자들은 하나님의 간곡한 자비와 사랑이 그친 나라, 주의 길에서 떠나고 완고하여 주를 경외할 수 없게 된 백성을 보면서 하나님이 "하늘에서 굽어보시고, 그분의 영화로운 처소에서 살펴보아주시기를" 간구했습니다(사 63:15-17). 그 백성들은 어떻게 되었습니까? 그들은 원수들에게 패했습니다. 주의 기업을 빼앗겼습니다. 성소가 유린당했습니다. 이제는 하나님의 통치를 받지 못합니다. 하나님의 이름으로 일컬어지기에 부끄러운 자들이 되었습니다. 선지자들은 이 백성들과 동일한 처지에서 탄식하며 기도했습니다(63:18-19):

오, 주님은 하늘을 찢으시고 내려오소서!

(사 64:1)

이것은 선지자의 절규였습니다. 탄식이었습니다. 종말론적 구원에 대한 하나님의 백성들의 간구요 울부짖음이었습니다. 그들은 기대했습니다. 산들을 진동시키고, 앗시리아, 바벨론이 아니라, 우주 전체가 두려워할 분을 기대했습니다. 그래서 이렇게 기도했습니다. 하나님 앞에서, 위에서 나타나시는 분 앞에서, 원수들이 주의 이름을 알고, 주의 대적들이 두려움에 떨게 할 것을 간구했습니다 (64:1-2). 그리고 자신들의 죄가 오래된 것을 알았습니다. 자신들이 더러운 옷과 같고 시들어가는 잎사귀 같으며, 자신들의 죄악이 자신들의 존재와 삶을 바람같이 몰아간다고 탄식했습니다(64:6-7).

예수님은 지금 이 선지자들이 서 있었던 바로 그 자리에서 기도하고 있는 것입니다. 더는 고개를 들 수 없는 백성들의 절망, 더는 희망을 기대할 수 없는 탄식과 절규, 더는 평화가 없어 두려움과 흑암에 주저앉아 있는 이들과 자신을 동일시하시고 기도한 것입니다:

¹ 오, 주님은 하늘을 가르고 강림하옵소서!

....

⁵ 우리가 범죄함으로 주께서 진노하셨사오며,

이런 현상이 이미 오래되었사오니,

우리가 어찌 구원을 얻을 수 있으리이까?

....

⁸ 그러나 여호와여, 이제 주는 우리 아버지시

니이다.

우리는 진흙이요 주는 토기장이시니,

우리는 다 주의 손으로 지으신 것이니이다.

⁹ 여호와여, 너무 분노하지 마시오며,

죄악을 영원히 기억하지 마시옵소서! 구하오니,

보시옵소서! 보시옵소서!

우리는 다 주의 백성이니이다! (사 64:1-9)

하지만 이 기도는 선지자나 이스라엘만의 기도
가 아닙니다. 예수님은 단지 이스라엘 백성들과 동
일시한 선지자들의 입장에서만 기도하는 것이 아
닙니다. 그들보다 더 깊은 유대감에서 기도하시기
때문입니다. 선지자들은 결코 이를 수 없는 새로운

차원의 결속 안에서 기도하시기 때문입니다. 그리스도는 타락한 온 인류와 이스라엘 중 택한 백성들과 자신을 동일시하고 기도하고 있는 것입니다. 선지자들은 그 시대 이스라엘 백성들을 대표해서 기도했다면, 예수님은 그 시대뿐만 아니라 창조부터 종말까지 오고오는 모든 세대의 자기 백성을 대신하여 기도한 것입니다. 따라서 이 기도는 흑암에 앉은 이방인들과 섬들까지 모든 하나님의 백성들의 탄식이 됩니다. 예수님은 바로 이런 위치에서 기도하신 것입니다. 그분의 입을 통해 그들의 탄식을 대신하신 것입니다. "오 주여, 주는 하늘을 찢고 내려오소서!"

이 탄식에 하나님은 어떻게 응답하셨습니까? 삼위일체 하나님은 자신을 드러내심으로 이 기도에 응답하셨습니다.

성령이 비둘기와 같은 형상으로 메시야 위에 내려오심

(눅 3:22a-b)

하늘이 열리고 "성령이 임합니다". "성령이 오

시는 것", 이것이 둘째 초월현상입니다. 성령께서 육체적 형태로는 비둘기같이 나타나신 것입니다. 물 속에서 막 올라와 기도하는 이 메시야 위에 내려오셨습니다(3:22b). 여기서도 많은 사람들이 본문에 해석적 폭력을 행사합니다. 성경의 비둘기 이미지를 이 본문에 끌어와 그 이미지를 말하게 강요하는 것입니다. 예를 들면, 마태복음 10:16에 이런 말씀이 있습니다. "보라 내가 너희를 보냄이 양을 이리 가운데로 보냄과 같도다. 그러므로 너희는 뱀 같이 지혜롭고 비둘기 같이 순결하라." 여기서 "순결함"을 예수님의 세례와 연결하려는 것입니다.

하지만 조금만 주의를 기울이면, 이 본문은 전혀 다른 이미지를 그리고 있다는 것을 알 수 있습니다:

성령이 내려오신다
물 방향으로
한 인간 위로

이 세 가지를 하나로 통합하면, 어떤 장면이 떠

오릅니까? 그것은 창조시 성령께서 활동하시는 모습입니다. 실제로 유대인들은 창세기 1:2에서 성령께서 수면에 운행하시는 것을 비둘기가 새끼를 품는 이미지로 설명했습니다.[5] 지금 창조시 활동하신 그 성령께서 회개하고 거듭날 새 인류의 대표이신 예수님 위에 내려오시는 것입니다. 새 인류의 대표 위에 임하여 마치 비둘기가 새끼를 품는 것처럼 창조사역에 버금가는 일을 하고 계시는 것입니다.

성령께서는 지금 '한 사람' 위에 오셔서 재창조일을 시작하셨습니다. 하지만 후에는 모든 하나님의 백성에게 오실 것입니다. 동일한 원리로 일하실 것입니다. 사도들과 초대교회 성도들에게 불의 혀처럼 갈라지는 형상으로 오시든, 사마리아 사람들이나 고넬료와 그 가족, 지인들이나 에베소 제자들에게 하셨던 것처럼 방언과 같은 초월적 사역과 함께 오시든, 이후 그리스도인들을 거듭나게 하시고 죄에 대한 자각을 일으키며 오시든, 동일하게 오실 것입니다. 오셔서 온 인류 중에 죄 사함을 얻게 하는 회개의 세례를 받는 자기 백성들을 동일하게 재창조하실 것입니다. 그런데 지금 하나님의 백성 개개인에게 오시기 전에 새로운 하나님 백성의 대표 위에 "내려오신 것입니다".

성령이 오신 일은 분명히 메시야 사역을 위해 메시야에게 기름을 붓는 일입니다.[6] 하지만 거기서 그치지 않습니다. 이것은 둘째 아담을 위한 기름부음입니다. 집중입니다. 나아가 이것은 둘째 아담에게 속한 모든 백성들을 위한 것입니다. 확장인 것입니다.

하늘의 소리: 이는 나의 사랑하는 아들이라! (눅 3:22c)

이제 셋째 초월현상이 나타납니다. "하늘에서 나는 소리"입니다:

하늘에서 소리가 생겨
　'너는 나의 아들, 나의 사랑하는 자라.
　내 기쁨이 네 안에 있노라' 하시니라
　(눅 3:22c)

이것은 무엇을 가리킵니까? 이 말씀을 해석할 때도, "하늘이 열림"과 "성령의 오심"을 설명할 때와 비슷한 일이 일어납니다. 사람들은 자주 이 말을 듣자마자 본문을 떠납니다. 본문 앞으로도 가고 (창 22:2; 시 2:7; 삼하 7:14 등), 본문 뒤로도 갑니다(눅 9:35; 23:35). 물론 이 말씀이 구약 예언을 떠오르게 하는 것이 사실입니다. 또 변화산이나 십자가 등 신약 사건에서 그 예언이 성취된 것도 사실입니다. 그러나 이 선포에 앞서 '소리가 발생한' 사건을 전혀 주목하지 않는다는 것이 문제입니다. 나아가 하나님의 아들에 대한 선포가 하늘이 열리고 성령이 비둘기 형상으로 내려오신 일과 연속적으로 일어나고 있다는 사실을 전혀 반영하지 않습니다. 이것이 아쉬운 점입니다.

"하늘로부터 소리가 났다"는 말씀에는 두 가지 차원이 공존하고 있습니다. 하나는 역사적 차원입니다. 이 소리는 분명 사람이 들을 수 있었습니다. 다수의 검증을 거쳐 진정성을 인정받았습니다. 그 결과 예수님의 "복음"의 일부가 되었습니다. 다른 하나는 신현적 차원입니다. 이것은 마치 보이지 않고 무한한 성령께서 비둘기 형체로 공간적으로 내려오신 것과 같습니다. 이런 점에서 "소리"는 하나님의 이름이나 얼굴, 손과 같이 그분의 임재를 가리킵니다. 무한하시고 보이지 않는 성부께서 자신의 존재와 뜻을 유한한 "소리"로 계시하신 것입니다. 변화산에서 짙은 구름이 내려오고, 그 구름 속으로 예수님과 제자들이 들어갔을 때, 거기서 초월자의 "소리"가 난 것과 같습니다(눅 9:35). 따라서 환상이나 비전이 아닙니다. 성부 하나님이 역사에 들어오셔서 그분의 마음을 사람이 들을 수 있는 소리로 계시하신 것입니다. 하나님이 친히 "내려오셔서" 성령이 새 인류 위에 머무시는 이 순간을 기뻐하고 계신 것입니다. 따라서 "너는 나의 사랑하는 아들이라"는 말은 시편 2:7이나 이사야 42:1의 성취라는 말로 그 내용을 다 담을 수 없습니다. 이것은 아버지께서 그의 아들 안에서 가지시는 만족이요, 그 아들 안에서 구속받을 자기 백성에 대하여 가지시는 기쁨입니다.

이전 창조에서 하나님은 아담에게 특별한 기쁨을 표현하지 않으셨습니다. 그분이 만드신 만물을 보시고 "보시기에 심히 좋았더라"(창 1:31) 하셨지요. 하지만 재창조에서는 근본적으로 다릅니다. 재창조는 아버지께서 아들 안에서 시작하신 일입니다. 죄에 빠진 인간 본성을 아들이 취하심으로써 토대를 마련하신 일입니다. "성령이 네게 임하시고 지극히 높으신 이의 능력이 너를 덮으시리니, 이러므로 나실 바 거룩한 이는 하나님의 아들이라 일컬어지리라"(눅 1:35)고 말합니다. 성령께서 함께 하십니다. 땅에서 예수님은 자신을 백성과 일치시키시고, 물 안으로 들어가시고 물에서 올라옵니다. 이때 하늘이 열리고, 성령은 그 예수님 위에, 이 둘째 아담 안에 있는 모든 하나님의 백성 위에 내려오신 것입니다. 비둘기가 새끼를 품듯이 재창조와 부활생명, 종말론적 의와 평화를 이루시는 일입니다. 그리고 하나님은 그 아들 안에서 갖는 특별한 기쁨을 표현한 것입니다.

예수님의 세례는 초월적인 성령의 사역이 얼마나 실제적인지 보여줍니다. 예수님이 세례를 받으신 후 온 백성 앞에서, 온 백성을 끌어안고, 그들의 대표로서 기도하시는 모습은 회복된 새 인류(아담)

의 모습인 것입니다.

본문의 메시지

오늘날 신자가 예수님께서 세례를 받으실 때 하셨던 기도를 따라 할 수는 없습니다. 그러나 여기서 우리는 다음 두 가지를 배울 수 있습니다.

1. 우리는 삼위일체 하나님께 찬송과 감사를 드려야 합니다. 예수님은 아들 하나님으로서 종말시대를 여셨습니다. 그리고 기도하셨습니다. 하나님께서 이 역사에 종말론적으로 오시기를, "혈과 육에 속한 자기 형제들의" 세계를 불쌍히 여기시기를, 이 시공간 속에서 펼쳐지는 구속역사에 개입하여 주시기를! "오, 주여 하늘을 찢고 내려오소서"! 성령께서는 새 시대 하나님 백성의 대표에게 내려오셨습니다. 그 백성들의 죄를 제거하고 새로 태어나 그들이 하나님의 뜻을 이루는 재창조 일을 시작하셨습니다. 인간들 중 아무도 이 일을 생각하지

않았습니다. 아무도 요구한 적이 없습니다. 그런데 이 일을 삼위일체 하나님이 주도권을 가지고 하신 것입니다. 무엇으로 감사하고, 무엇으로 감사를 다 할 수 있겠습니까?

2. 우리는 예수님께서 우리의 메시야요 둘째 아 담으로서 하나님께 기도했다는 사실을 기억해야 합니다. 이 둘째 아담에 속한 사람들은 하나님께 기도하는 것이 무엇인지 다시 생각해야 합니다. 예 수님은 하나님을 의지했습니다. 예수님은 죄인과 죄로 파괴된 세계, 탄식과 절규에 빠져 있는 자기 백성을 불쌍히 여기시고, 그들과 하나가 되셨습니 다. 그들을 끌어안으셨습니다. 하나님이 직접 나타 나시지 않고는 구원은 없으며, 하나님이 일하실 때 라고 담대히 요청했습니다. 이것이 기도입니다. 기 도는 거듭난 신자의 새로운 삶의 방식입니다. 재창 조가 완성되면, 인간은 죄와 사망에서 해방될 것입 니다. 이전의 영광을 회복하는 것을 넘어 본래 하 나님이 계획했던 더 높은 영광에 이를 것입니다. 피조물은 첫 창조시 목표했던 그 지위와 능력에

이를 것입니다. 그때가 되면, 현재 신자가 하는 대부분의 기도제목은 사라질 것입니다. 그러나 기도는 남습니다. 회복된 생명언약의 본질 중에 본질이요 핵심 중에 핵심이기 때문이다. 창조주 하나님을 더 찾고 사랑하는 모습으로, 구속주 하나님을 더 갈망하고 감사하는 모습으로 변모할 것입니다. 예수님이 세례시에, 매일 새벽에, 밤이 맞도록 기도하는 모습, 이것은 신자가 "그리스도의 장성한 분량에 이른 모습"(cf. 엡 4:13) 중 하나가 될 것입니다. 우리 기도에는 둘째 아담에게 속하여 거듭난 자의 찬송과 기대가 있습니까? 재창조에 참여한 자의 감격이 있습니까?

3

예수님이 가르치신 기도

---

¹ 예수께서 한 곳에서 기도하시고 마치시매 제자 중
  하나가 여짜오되
  "주여 요한이 자기 제자들에게 기도를 가르친 것과
  같이 우리에게도 가르쳐 주옵소서"
² 예수께서 이르시되 "너희는 기도할 때에 이렇게 하라:
  아버지여,
  이름이 거룩히 여김을 받으시오며
  나라가 임하시오며
³ 우리에게 날마다 일용할 양식을 주시옵고
⁴ 우리가 우리에게 죄 지은 모든 사람을 용서하오니,
      우리 죄도 사하여 주시옵고
  우리를 시험에 들게 하지 마시옵소서" 하라

누가복음 11:1-4

누가복음 11:1-4에 한 사람이 나옵니다. 기도에 하나님의 나라와 인간, 우주를 담고 있는 사람입니다. 옆에 있던 사람들은 관찰했습니다. 들었습니다. 생각했습니다. 그러다가 궁금해졌습니다. '무엇인가? 저 기도는 ... 무언가 다른데 ... 우리의 기도와 저 분의 기도의 차이는 어디에 있는 것인가?' 한 사람이 다가갑니다. 주님이 기도를 마치시기를 기다려 묻습니다. "주여, 우리에게 기도하는 것을 가르쳐 주소서!"

이 장면을 조용히 보고 있으면, 여러가지 궁금한 점이 생깁니다. '이 제자는 무엇을 기대했을까? 주님의 대답은 그 기대에 부응했을까? 과연 내가 이 제자의 입장에 있다면 어떤 대답을 기대할까?' 이런 질문들이 많아질수록 당시 정황에서 멀어지는 경향이 있습니다. 따라서 당시 상황에 가까이

가보는 것이 필요합니다. 당시 상황에 가까이 접근하면서 점점 더 선명해지는 질문은 두 가지입니다. 첫째, 주님이 기도하실 때, 이 제자는 어떤 점을 특이하게 생각했는가? 반드시 배워야 할 점으로 여겼는가? 하는 것입니다. 이 질문에 대답하기 위해 당시 유대인들의 기도습관과 예수님의 기도를 비교하여 살펴보는 것이 도움이 됩니다. 둘째, 이 제자가 요청할 때, 주님은 무엇을 가장 중요하게 생각하셨는가? 반드시 익혀야 할 제 1원리로 말씀하셨는가? 하는 점입니다. 이 점을 밝히기 위해 먼저는 이 기도의 처음과 끝에 나오는 한 호칭을 살펴보고, 다음으로 주님 말씀의 중간에 나오는 비유에 집중하겠습니다.

유대인의 기도습관

만일 누군가가 2000년 전 주님이 기도하는 곳으로 가면서 주위를 둘러본다고 생각해 봅시다. 그곳에 도착했는데, 한 제자가 "우리에게 기도하는 것을 가르쳐 주소서"하고 질문합니다. 그러면 그 사람은 즉시 이 질문이 참으로 이상하다고 느낄 것입니다. 왜 그렇습니까? 주님께 기도하는 것을 가르쳐 달라고 요청한 제자는 유대인이요, 유대인들은 기도하는 법을 알고 있기 때문입니다. 뿐만 아니라 열심히 기도하고 있는 것을 발견하기 때문입니다. 공적인 영역으로 가든 사적인 장소를 찾아 가든 마찬가지입니다.

공적인 영역으로 가 볼까요? 성전제사를 드릴 때나 회당에서 예배를 드릴 때 유대인들은 기도합니다. 성전제사는 하루에 세 번 있습니다. 이때 공동체가 함께 기도합니다. 10계명과 쉐마를 낭송하는 소리를 들을 수 있습니다.[7] 예루살렘 밖에서는 성전제사가 없습니다. 대신 성전예배와 시간을 맞추어 아침, 점심, 저녁 기도가 있습니다.[8] 대신 회당에 가보면, 예배시에 성경읽기, 설교와 더불어 기도가 중요한 위치에 있는 것을 볼 수 있습니다.[9]

사적인 장소로 옮겨 볼까요? 그러면 하루 중 적어도 세 번은 기도 소리를 들을 수 있습니다. 유대인 자유민에게는 이것이 의무입니다. 집이든 들이든 유대인의 하늘은 기도소리로 채워져 있습니다. 이것은 예수님과 사도들 이전에 이미 정착된 습관이었습니다. 이미 구약에서 찾아볼 수 있습니다. 예를 들어, 다윗은 이렇게 말합니다.

> "**저녁**과 **아침**과 **정오**에 내가 근심하여 탄식하리니 여호와께서 내 소리를 들으시리로다"(시 55:17).

또 다니엘서는 이렇게 기록합니다.

> "다니엘이 이 조서에 왕의 도장이 찍힌 것을 알고도 자기 집에 돌아가서는 윗방에 올라가 예루살렘으로 향한 창문을 열고 전에 하던 대로 하루 **세 번씩** 무릎을 꿇고 기도하며 그의 하나님께 감사하였더라. 그 무리들이 모여서 다니엘이 자기 하나님 앞에 기도하며 간구하는 것을 발견하였더라"(단 6:10-11).

다니엘 때만이 아닙니다. 다니엘 이후 중간기

까지 이 습관은 이어졌습니다. 이에 따라 미쉬나는 유대인 남자들에게 "쉐마"(신 6:4-9; 민 15:37-41; 신 11:13-21)와 "열여덟 기도문"을, 여자들과 아이들, 노예들에게는 "열여덟 기도문"을 의무적으로 하도록 규정하고 있습니다.

왜 세 번 의무적으로 기도하는가? 언제부터 이 기도가 시작되었는가? 하고 질문할 수 있습니다. 이 점에 대해서는 랍비들 사이에 의견이 일치하지 않습니다. 아침과 저녁에 이루어지는 "항상 드리는 번제"와 점심에 드리는 소제와 관련이 있다고 설명하는 랍비들이 있습니다(cf. 단 9:21; 유딧서 9:1).[10] 위대한 족장들의 본을 따른 것이라고 주장하는 이도 있고[11], 하루의 주된 세 시간대, 즉 해가 떠오를 때와 해가 하늘의 꼭대기를 넘어갈 때, 해가 서쪽으로 질 때와 관련있다고 말하는 랍비도 있습니다(R. Shemuel b. Nachman).[12] 마지막으로 아침 저녁 쉐마와 연관이 있다고 주장하는 사람도 있습니다.[13]

또한 당시 유대인들은 공적 기도에서도 사적 기도에서도 히브리어를 사용했습니다. 그래서 많은 경우 회당예배에는 아람어 통역자가 있었습니다. 랍비들과 유대인 자유민 남자들이 사적으로 쉐마기도를 할 때는 일상 언어(아람어)를 허용했습니다. 히브리어로 해야 한다는 랍비들의 요구가 있었지만, 관철하지 못했습니다. 그러나 많은 경우 랍비들뿐만 아니라 일반인들도 쉐마의 문구를 보고 읽거나 암기하여 낭송했습니다. 이것으로 기도의 의무를 다했다고 생각했습니다.

그러면 처음 질문으로 다시 돌아옵니다. 이렇게 기도가 의무화되어 있고 습관화되어 있으며, 자신들도, 세례요한의 제자들도, 예루살렘 성전에서도, 회당에서도, 거리, 집, 침상 할 것 없이 어디서나 규칙적으로 기도를 하고 있는데, 이 제자는 왜 기도를 가르쳐달라고 했을까요?

예수님의 기도습관

예수님의 기도는 형식과 내용 면에서 당시 기

도와 근본적으로 차이가 있었던 것이 분명합니다. 만일 예수님의 기도가 유대인들이 회당에서 예배 드릴 때 했던 기도 또는 사적으로 하는 기도와 똑같았다면, 제자들이 기도를 가르쳐달라고 할 이유가 없었을 것입니다.

그러면 무엇이 달랐습니까? 우선 형식에서 달랐습니다. 예수님의 기도는 유대인들의 기도와 같이 하루 세 번에 한정되지 않았습니다. 정해진 시간이 아니라 필요하다 판단되면 물러나 기도하셨습니다(눅 3:21; 4:42; 5:16; 6:12 등). 혼자 있을 때나 홀로 있어야 할 시간을 마련했을 때 외에 제자들로 둘러싸여 있을 때에도 예수님은 기도하셨습니다(9:18; 11:1).

나아가 내용에 차이가 있었습니다. 예수님은 "쉐마"나 "열여덟 기도문"과 같은 기도문에 매이지 않으셨습니다. 예수님 시대에 당시 기도 형식에 따라 기도하지 않은 사람은 둘뿐이었습니다. 하나는 세례요한이었고, 다른 하나는 예수님이었습니다. 그럼에도 세례요한은 형식상 많은 점에서 당시 기도와 닮았고 옛 의식을 차용했던 것으로 보입니다. 그 증거가 무엇입니까? 세례요한과 그의 제자들이 했던 금식입니다. 여기서 주목할 점은 세례요한의 제자들이 금식만 한 것이 아니라 "금식하며 기도했다"는 것입니다(눅 5:33). 이것을 연장하여 생각하면, 세례요한도 내용은 다르지만, 유대전통을 수용하여 금식하고, 동시에 전통적인 "열여덟 기도문"과 같은 형태의 기도문을 자신의 제자들에게 주었던 것으로 보입니다. 이 제자는 "우리에게 기도하는 것을 가르쳐 주소서"하고 말씀드리면, 이와 비슷한 형태의 기도를 가르쳐 줄 것으로 기대했는지 모릅니다.

마지막으로 언어가 친근했습니다. 예수님은 공식적인 히브리어가 아닌 일상언어였던 아람어로 기도하셨습니다.

그러면 형식과 내용, 언어가 이 제자가 질문한 이유였을까요? 물론 유대인들처럼 하루에 세 번이 아니라 기도할 의무가 없는 시간인데도 기도하신 것이 낯설었을 것입니다. 또 히브리어가 아닌 아람어로 "아바", 우리말 "아빠"에 해당하는 마음의 언어로 기도한 것은 매우 놀라웠으리라 추측할 수 있습니다. 나아가 예수님께서 기도 중에 아버지와 나누신 실제적이고 깊은 교제가 아주 인상적이었을 것입니다.[14) 그러나 이것이 전부였을까요?

이런 것들이 전부가 아니었다면, 무엇 때문에 이 제자는 기도를 가르쳐달라고 요청했을까요? 만일 예수님의 기도가 그분의 기도에 대한 가르침과 연관이 있다면, 비유에 나오는 사람처럼 담대하게 구하는 것 등이 실제로 예수님 자신의 기도에 반영된 것은 아닐까요? 이 제자는 예수님이 한 밤중에 친구에게 가서 빵 세 개를 요청하듯이 하나님께 간청하는 것을 보고, 또 예수님이 어떤 문제 때문에 구하고, 찾고, 문을 두드리는 것과 같은 기도를 하는 것을 들은 것일까요? 여기에 우리는 긍정적으로 대답할 수 있습니다. 그렇다면 이 제자의 질문은 이것입니다. '예수님은 저토록 거리낌 없고 저토록 물러섬 없는 기도를 할 수 있는데, 나는 왜 그런 기도를 하지 못하는가? 주여, 우리에게 기도하는 것을 가르쳐 주소서!'

문제는 예수님의 대답입니다. 만일 기도의 태도만이 문제였다면, 누가복음 11:5-10만으로 충분합니다. 그런데 예수님은 거기서 멈추지 않습니다. 11:11-13로 확장합니다. 예수님은 이 제자의 기대보다 더 큰 세계를 열고 있습니다. 그런 기도를 할 수 있고 없고가 아니라, 무언가 더 중요한 것이 있습니다. 신자의 기도에는 지금까지 역사에 알려지지 않은 더 깊은 차원이 있음을 드러낸 것입니다. 그 핵심은 이것입니다. 하나님은 누구신가? 하나님의 자녀에게는 하나님을 향하여 어떤 특별한 권리가 주어지며, 어떤 정서가 허용되는가?

예수님의 기도

"아버지"

예수님은 여기서 하나님을 "아바"(אבא)라고 부릅니다. 예수님께서 "하늘에 계신 우리 아버지"(마 6:9)가 아니라 "아버지"라고 불렀을 때, 제자들은 적지 않게 놀랐습니다. 어떤 점에서 놀라웠을까요?

예수님이 하나님을 부를 때, 그 부름은 구약의 어법과 다르고, 유대주의의 관습과 차이가 납니다.

우선 예수님은 "하늘에 계신 우리 아버지"라고 부르지 않았습니다. 이것은 구약성경의 어법이요 유대인들의 독특한 표현입니다. 유대인들은 "아버지"라는 칭호 앞에 "우리"와 "하늘에 계신"이란 말을 추가함으로써 좀더 엄숙하게 표현하고자 했습니다.[15] 그러나 예수님은 자신이 기도할 때, 한번도 하나님을 "하늘에 계신 나의 아버지"라고 부르지 않았습니다. 단지 "나의 아버지"라고 부를 뿐입니다. 예수님께서 어떤 중요한 순간에 "아버지"라고 부를 때, 때로 아무런 수식없이 "아버지"(파테르)라고 하실 때도 있고(눅 22:42; 23:34, 36), 관사를 붙여 "그 아버지"(호 파테르)라고 부르실 때도 있으며(막 14:36), 소유격과 함께 "나의 아버지"(파테르 무)라고 말씀하실 때도 있습니다(마 26:39, 42).[16] 이 세 경우는 복음서 기자들이 동일한 기도에서 동일한 순간을 포착하여 전한 것입니다. 그때 예수님이 하나님을 어떻게 불렀는지 마가복음 14:36이 잘 보여줍니다. "아바 호 파테르"! 마가는 예수님이 쓰신 단어와 그 번역을 나란히 두고 있습니다. 앞에 "아바"는 아람어로 "아빠"를 가리키고, 뒤에 "호 파테르"는 이 아람어를 헬라어로 번역한 것입니다. 따라서 마가는 예수님께서 아람어로 "아빠"라고 부르셨고, 이것을 헬라인들이 쓰는 말로 옮기면 "아빠"(호 파테르)라고 말하고 있는 것입니다. 그런데 유대인들은 하나님을 "나의 아버지"로 부를 때, 히브리어 아비(אָבִי)라는 용어를 더는 사용하지 않았습니다. 대신 "아바"(אַבָּא)[17]를 썼습니다. 따라서 "아버지"(파테르)라고 하든지 "그 아버지"(호 파테르)라고 부르든지 "나의 아버지"(파테르 무)라고 하든지 의미상 "나의 아버지"라고 부른 것입니다.

나아가 예수님은 하나님을 "우리 아버지[18], 우리 왕"이라고 부르지 않습니다. 이것은 유대주의의 어법입니다. 예를 들어, "열여덟 기도문"에서, 유대인들은 "우리 아버지"에 "우리 왕"을 덧붙입니다.

이 두 가지는 일종의 일반화 또는 보편화라고 할 수 있습니다. 그런데 예수님은 정반대로 호칭을 사용하고 있습니다. 하나님을 부를 때, 호칭을 개인화 또는 특수화한 것입니다. 이 차이가 제자들에게 낯설었습니다. 아바(파테르)라는 말은 일차적으로 가족어법 중에 하나였습니다. 어린 아이가 "아빠"에게 하는 말인 것이지요.[19) 뿐만 아니라 성인 자녀들이 그들의 아버지에게 하는 말이기도 했습니다. 최근 케니스 베일리에 따르면, "아바"라는 말은 너무나 일상적인 용어여서 현재 아랍어를 쓰는 사람들도 아이들에게 처음으로 가르치는 말입니다. 따라서 제자들 또한 예수님처럼 흔히 쓰는 말이었던 것입니다. 이차적으로는 사회적인 어법입니다. 나이든 분에게 존경을 담아 부르는 호칭이기도 했던 것입니다.[20)

사회적 어법은 모든 유대인들에게 공통이었습니다. 그러므로 이 말 자체는 제자들을 긴장하게 하는 요소가 아니었습니다. 그들과 유대인들에게 "걸림"이 될 만큼 낯설었던 것은 예수님이 이 가족어법을 바로 하나님께 적용한다는 사실이었습니다. "당시 사람들은 불경한 것으로 느꼈고, 상상할 수도 없는 일이었습니다."[21)

더 낯선 점은 예수님께서 하나님을 아버지라고 부르는 강도입니다. 이 부름은 완전히 새롭고 유일무이한 것이었으며, 그 안에 예수님과 하나님의 관계의 핵심을 반영하고 있습니다.[22] 유대인들은 이것을 예수님이 자신과 하나님을 동등하게 여기는 것이라고 받아들일 정도였습니다(cf. 요 5:17-18).

그러나 과연 제자들이 긴장한 이유가 다른 유대인들과 똑같았을까요? 만일 그랬다면, 기도를 가르쳐달라고 하지 않았을 것입니다. 그러면 자신들도 신성모독 언어로 기도하는 것을 피할 수 없었을 것이기 때문입니다. 여기에는 무언가 긍정적인 것이 있습니다.

지금까지 외적 자료에 근거한 모든 가능성을 살펴보았습니다. 확실한 근거를 찾지 못했습니다. 그러나 실마리는 가까운데 있습니다.

"아버지"와 아들

이제 본문의 문맥으로 시야를 확대해 보겠습니다. 그러면 아람어 "아바"의 또 다른 차원에 대한 암시가 본문 앞에도 있고 또한 본문 뒤에도 있습니다. 예수님은 70인 제자들이 돌아왔을 때, 성령 안에서 기뻐하시며 기도하셨는데, 여기서 하나님을 "아버지" 또는 "나의 아버지"로 불렀습니다:

> 그 때에 예수께서 성령으로 기뻐하시며 이르시되
> 천지의 주재이신 **아버지여**
> 이것을 지혜롭고 슬기 있는 자들에게는 숨기시고
> 어린 아이들에게는 나타내심을 감사하나이다
> 옳소이다 이렇게 된 것이 아버지의 뜻이니이다.
> ²² 내 **아버지**께서 모든 것을 내게 주셨으니 아버지 외에는 아들이 누구인지 아는 자가 없고
> 아들과 또 아들의 소원대로 계시를 받는 자
> 외에는 아버지가 누구인지 아는 자가 없나이
> 다 하시니라(눅 10:21-22).

이것은 높이와 깊이입니다. 예수님께는 "아바"(파테르)가 "하늘과 땅의 주님"과 동의어입니다. "천지의 주재이신 아버지여!"(10:21), 여기에는 아이가 아버지에게 받는 친밀함과는 다른 차원이 있

습니다. 예수님은 자신을 "아들"로 하나님을 "아버지"로 표현하고, 아버지와 아들 사이에 공간적 가까움이나 감정의 강도와 전혀 다른 차원의 가까움이 있다는 것을 말하고 있습니다. 그것은 온 우주를 모두 배제하는 **관계의 가까움**입니다. 아무도 그 중간에 존재할 수도, 존재할 필요도 없습니다. 아버지 외에는 아들을 알지 못하고, 아들 외에는 아버지를 모른다는 것입니다. 예수님은 이렇게 높으신 아버지, 이처럼 독점적인 관계에 있는 아버지께 기도한 것입니다. 이것이 본문 앞에 있는 암시입니다.

새로운 "아버지" 상

그러면 본문 뒤로 눈을 돌려보겠습니다. 예수님이 기도하신 "아바"에 대하여 어떤 설명이 있습니까? 예수님은 비유를 말한 후 그 비유에 대한 적용점을 언급합니다. 마지막으로 '작은 것에서 큰 것'(*a minor ad maior*)으로 논증하는데, 그 내용이 누가복음 11:11-13에 나옵니다:

너희 중에 아버지 된 자로서 누가 아들이 생
선을 달라 하는데 생선 대신에 뱀을 주며 ¹²알
을 달라 하는데 전갈을 주겠느냐? ¹³너희가 악
할지라도 좋은 것을 자식에게 줄 줄 알거든
하물며 너희 **하늘 아버지**께서 구하는 자에게
성령을 주시지 않겠느냐 하시니라.

이것은 크기와 규모입니다. 예수님은 비유를
통해 기도의 권능²³⁾을 보여주고 바로 적용하여
"그러니까 구하라, 찾으라, 문을 두드리라" 하고
말합니다. '반드시 받고, 분명히 찾고, 틀림없이 열
릴 것이다' 하고 말합니다. "너희가 악할지라도 선
한 것으로 자식에게 줄 줄 안다. 하물며 하늘 아버
지께서 구하는 자에게 성령을 주시지 않겠느냐?"

여기서 두 가지 비약이 일어나고 있습니다. 하
나는 "악할지라도"라는 말에 있습니다. "너희가
악할지라도" 했으면, 하물며 "선하신 하나님이…"
라고 해야 하는데, 선하신 하나님이 아니라 "하늘
의 아버지"로 바뀌어 있습니다. 초월적 선함을 가
리킵니다. 다른 하나는 "선한 것으로" 입니다. "선

한 것으로"라고 말했으면, 하물며 "더 선한 것으로 주시지 않겠느냐?"라고 해야 하는데, "성령을 주시지 않겠느냐?"로 바뀌어 있는 것입니다. '하나님이 얼마나 선한가? 그분의 선함의 크기는 어느 정도이고 그분의 아버지와 같은 사랑은 어떤 규모인가?' 예수님의 대답은 이것입니다. '하나님의 선은 인간 아버지의 호의와 비교할 수 있는 것이 아니다.' 이것을 어떻게 표현합니까? 선물의 규모가 비교가 불가능한 것으로 표현합니다.[24] 성령은 모든 선한 것의 총화 또는 모든 선한 것을 초월하는 선입니다. "구하는 자에게 성령을 주시지 않겠느냐?" 절대적이고 초월적이며 그러면서도 인격적인 선을 제시하고 있습니다. 예수님은 이렇게 크신 아버지, 호의를 베푸시되, 스케일이 산보다 크고 바다보다 큰 아버지, 그 선하신 아버지를 생각하면서 "아바"라고 부른 것입니다.

예수님이 "아바"라고 불렀을 때, 본문 앞에 오는 "천지의 주재자이신 아버지"라는 암시가 떠오릅니다. 본문 뒤에서 그분("아바")을 "하늘 아버지"

로 설명합니다. 이 암시와 설명, 부름을 통해, 예수님은 '새로운' 아버지 상을 창조하고 있습니다. 이 세상에, 이 역사에, 현재와 과거, 미래를 통틀어서, 아무리 좋은 아버지가 많이 존재한다 해도, 이 세대에서는 이런 아버지를 찾을 수 없습니다. 전 우주에서 독점적이고 배타적인 관계를 맺으시고, 창세부터 종말까지 비밀한 계획을 나누는 분, 아무도 알지 못하는 분, 그런 친밀한 분이 동시에 하늘과 땅의 주재이신 아버지입니다. 나아가 단지 필요한 대로 주실 뿐만 아니라, 구하고 찾고 두드리는 일에만 반응하는 것이 아니라, 구하는 자에게 우주보다 큰 성령을 선물로 주시는 분, 그분이 "아버지"라는 것입니다.

새로운 "아들" 상

예수님은 이 "아버지"에게 기도했습니다. 아들로서 기도했습니다.

아버지의 일에 몰두하는 아들

이때 주위에서는 엄청난 에너지를 느낄 수 있습니다. 예수님은 아버지의 일에 온 마음을 쏟아 붓습니다. 제자들이 기도하는 것을 가르쳐 달라고 했을 때, 예수님은 기도할 때 말해야 할 것들을 제시합니다. 그런데 그것은 예수님이 방금 마치신 기도의 본질적인 내용입니다. 그 내용에 따르면, '하나님의 영광이 먼저요 인간의 필요가 다음이다'는 것입니다. 이 순서가 반대로 되었다고 생각해 보십시오. 그리고 반대로 기도해 보십시오. 기도경험은 우리에게 가르쳐 줍니다. 반대로 기도한다면, 사람은 "하나님의 이름이 거룩히 여김을 받으소서, 당신의 나라가 임하게 하소서" 하는 제목으로는 거의 기도할 수 없거나, 내용 없이 형식적인 문구를 나열하거나, 마음을 실어 하지 못합니다. 그러므로 이 순서는 아들이 아버지의 일에 마음과 뜻과 영혼을 몰입하고 있는 모습을 가리킵니다.

아버지를 무한히 신뢰하는 아들

나아가 예수님은 아들로서 모든 상황, 모든 시

기에 절대적으로 하나님을 인정합니다.

당신의 이름이 거룩히 여김을 받으소서
당신의 나라가 임하소서

지금까지 하나님의 이름이 얼마나 모욕을 받았습니까? 하나님이 하시는 일이 얼마나 자주 오해받았습니까? 인간이 타락하기 전에도 '하나님이 다 먹지 말라시더냐? 그럼 너의 창조주는 인색한 분이 아니냐?'하는 말로 사단이 유혹하고 인간이 그 유혹에 쉽게 넘어가는 것을 보면, 사람은 하나님을 신뢰하지 못합니다.

그러나 예수님은 아버지를 신뢰합니다. 선하다고 생각합니다. 그냥 선하신 것이 아니라 영원히 절대적으로 거룩하다고 인정합니다.

어느 정도로 신뢰합니까? 지금 예수님은 예루살렘으로 여행 중입니다. 이때 상황을 마가복음은 이렇게 기록합니다. "예루살렘으로 올라가는 길에 예수께서 그들 앞에 서서 가시는데 그들이 놀라고 따르는 자들은 두려워하더라"(막 10:32).

그런데 예수님은 여행 중간에 이와 같은 기도를 한 것입니다. 하나님의 이름이 거룩히 여김을 받으시고, 당신의 나라가 임하게 해 달라고 말입니다. 어느 정도로 신뢰합니까? 예수님께서 "아바"라는 말을 쓰는 곳이 두 곳 더 나옵니다. 하나는 십자가를 지시기 전입니다. "아버지여(파테르), 만일 아버지의 뜻이거든 이 잔을 내게서 옮기시옵소서. 그러나 내 원대로 마시옵고 아버지의 원대로 되기를 원하나이다!"(눅 22:42). 당시 가장 끔찍한 형태의 형벌, 십자가를 앞두고서도 예수님은 하나님의 선하심과 그분의 선하신 뜻을 인정합니다.

다른 하나는 십자가에서 운명하기 바로 직전입니다. "예수께서 큰 소리로 불러 이르시되, 아버지(파테르), 내 영혼을 아버지 손에 부탁하나이다(cf. 시 31:6)하고 이 말씀을 하신 후 숨지시니라"(눅 23:46). 이 기도는 유대인들이 평소에 잠자기 전에 했던 기도입니다. 예수님은 자신의 영혼이 바닥 없는 어두움으로 내려앉는 순간에도 아버지를 신뢰합니다. 창세부터 종말까지 모든 자기 백성의 죄에 대한 종말론적 심판이 내려질 때, 하나님이 그 죄에 대한 심판을 자기에게 수행하고 있는데, 무슨 소망, 무슨 전망이 있을 수 있습니까? 공의하신 하나님이 죄 없는 무죄한 자를 심판하고 있으니 얼마나 모순된 상황입니까? 그런데도 예수님은 마치 평소에 잠잘 때 자신을 맡기듯이 아버지께 자기 영혼을 부탁하는 것입니다. 절대적 신뢰요 무한한 신뢰입니다.

만일 인간이 타락하지 않고, 하나님의 영광에 이르렀다면, 과연 어떤 모습이었을까요? 예수님이 "나의 아버지"하고 "당신의 이름이 거룩히 여김을 받으소서, 지금보다 더, 언제나, 영원히 거룩히 여김을 받으소서. 당신의 은혜의 나라와 통치가 임하게 하소서!" 이렇게 기도하고 생각하고 살아가는 모습 아니었을까요? 이것이 하나님의 아들, 둘째 아담의 모습입니다. 아담은 실패했으나 그리스도는 실패하지 않았습니다. 한 제자가 "우리에게 기도를 가르쳐 주소서" 하기 전 주님께서 하신 기도, 그리고 그 요체를 제시한 주기도는 예수님이 둘째 아담으로서 창조후 하나님의 영광에 이른 아담의 위치에서 드린 기도입니다(cf. 눅 3:38).

예수님의 명령

그러면 우리는 예수님의 기도에서 무엇을 배울 수 있습니까? 본문으로 다시 돌아와 보겠습니다.

"우리에게 기도를 가르쳐주소서" 요청하는 제자에게 예수님은 말씀하십니다:

예수께서 이르시되, 너희는 기도할 때에,
너희는 [이렇게] 말하라(λέγετε; pres.).
아바,
당신의 이름이 거룩히 여김을 받으소서.
당신의 나라가 임하게 하소서.
….

(눅 11:2)

이것은 무슨 말입니까? 예수님이 방금 전 기도

할 때 쓰던 그 말과 내용 그대로 기도하라는 것입니다. '신자가 예수님이 아들로서 사용하신 하나님의 호칭을 그대로 사용해도 된다, 신자가 아들이 이제 계시한 아버지, 무한하고 절대적이며, 그 궁휼과 자비와 인자와 오래참음이 다함이 없는, 인간 아버지들에게서 결코 예를 찾을 수 없는 아버지를 그들의 아버지로, 마치 예수님이 '아바'하고 부르듯이 부를 수 있다'는 것입니다.

　신자가 기도할 때, 신자가 '아버지'하고 부르려 하면, 어김없이 찾아오는 목소리가 있습니다. '네가…? 너 같은 죄인이 무슨 자격으로…?' 이때 주님의 명령은 이것입니다. 이렇게 말하라는 것입니다. '그래, 나는 하늘과 아버지께 죄인이요, 고개를 들 수 없다. 나의 주님이 나에게 그분의 아버지를 나의 아버지라고 부르라고 하셨다. 형통할 때든지, 실패했을 때든지, 병들었을 때든지 기쁠 때든지 계속해서 그렇게 말하라고 하셨다.' 마치 예수님이 하나님의 일에 절대적인 우선권을 두듯이 신자는 새롭게 변화를 받아 그 욕구와 그 열망과 그 삶으로 하나님의 거룩함이 이루어지고, 하나님의 나라가 임하는 것을 바랄 수 있다는 것입니다. 이 세상의 의와 정의와 논리가 일제히 일어나 '하나님은 불의하다, 하나님은 불공평하다, 그분의 일은 말이 되지 않는다' 비난해도, '이제 하나님을 영원히 절대적으로 신뢰할 수 있다. 너희는 기도할 때, 내가 불렀던 그 아빠, 내가 했던 그 말, 내가 품은 그 생각, 내가 이루는 그 일을 말하라. 너의 영혼 깊은 곳에서 하나님의 나라, 그 하나님의 이름의 거룩함, 듣기만 해도 내 이기적이고 내 천박한 삶, 내 비참한 삶과는 멀다는 소리가 들려도, 주님은 자신이 하나님을 부른 그 강도로 '아버지!'하고 부르라고 하셨다.' 이렇게 가르치고 있는 것입니다. 이 얼마나 엄청난 일입니까? 예수님은 신자의 기도에 "아빠" 하나님을 중심에 두도록 가르치셨습니다.

초대교회는 이 명령에 따라 아람어 '아바'를 그들의 신앙고백과 기도에 간직했습니다. "너희는 다시 무서워하는 종의 영을 받지 아니하고 양자의 영을 받았으므로 우리가 '아빠 아버지'라고 부르짖느니라"(롬 8:15). "너희가 아들이므로 하나님이 그 아들의 영을 우리 마음 가운데 보내사 '아빠 아버지'라 부르게 하셨느니라"(갈 4:6). 초대교회는 그들의 신앙고백과 기도에 하나님과 그분의 나라를 품었습니다.

예수님의 오해청산비유

지금까지 예수님은 기도할 내용을 말씀하셨습니다. 이 내용 후에 한 비유가 이어 나옵니다. 어느 마을에 한 사람이 살고 있었습니다. 그에게 멀리서 친구가 찾아왔습니다. 한 밤중에 도착했습니다. 그는 찾아온 손님에게 내놓을 음식이 없었습니다. 급히 그 마을에 사는 친구에게 찾아갑니다. 부릅니다.

벗이여,
빵 세 덩이를 내게 꾸어 다오.
내 벗이 여행중에 내게 왔으나
내가 벗에게 내놓을 것이 없노라(눅 11:5-6).

이때 안에서 대답이 옵니다. 괴로운 목소리입니다. "아, 나를 괴롭게 말아다오. 문은 이미 닫혔고, 아이들은 내 옆에 누워 있으니, 일어나 줄 수 없노라!"(11:7).

이렇게 닫힌 문 그림자와 거절의 음성을 길게 드리운 채 비유는 끝납니다. 그리고 많은 세월 이 닫힌 듯한 결말과 해석은 다양한 문화권으로 전파되었습니다. 만일 곧 이어 나오는 주님의 말씀이 없었다면, 이 부정적인 파동은 멈출줄 몰랐을 것입니다. "내가 너희에게 이르노니, 그 친구는 주지 않을 것이다, 그가 친구라는 이유로는. 그러나 그의 아나이데이아(ἀναίδεια) 때문에 일어나 줄 것이다, 그에게 필요한 것은 무엇이든지"(11:8).

무언가 이상합니다. 마치 이가 맞지 않는 톱니바퀴처럼, 해석과 내용의 움직임이 자연스럽지 않습니다. 무엇이 거절에서 후한 반응으로 바꾼 것입니까? 이 질문에 대답하기 위해서는 다음 네 가지 문제를 해결해야 합니다:

1. 이 비유는 진술인가 질문인가?
2. 이 사람은 그 마을 친구에게 무엇을 요구한 것인가?
3. 이 사람이 말하는 "아나이데이아 때문에"는 무엇을 가리키는가?
4. 이 비유는 제자들의 요청에 대한 예수님의 대답과 어떤 관계가 있는가?

우선 이 비유의 결말을 이해해야 합니다. 이 비유의 결말은 닫혀 있는 것이 아닙니다. 이것을 확인하는 것이 중요합니다. 열린 결말로 끝납니다. 전체가 질문이고, 진술이 아닙니다.[25] 우리말 성경이 아주 잘 번역을 했습니다.[26] "너희 중에 누가 … '벗이여 … 없노라' 하겠느냐?"(눅 11:5-7)

이 비유는 실제로 의문대명사로 시작하는 긴 질문입니다(눅 12:25; 14:28; 15:4; 17:7; cf. 마 6:27; 7:9; 12:11; 요 8:46). 이 질문에 현대 독자들은 이 사람의 요구를 '무례하다, 대담하다, 귀찮다, 무리하다'고 생각할 수도 있을 것입니다. '한 밤중에 그것도 다 자고 있는데 와서 뜬금없이 음식을 내놓으라니…'

하고 생각합니다. 그러나 예수님 당시 청중들은 모두 "그럴리 없다!"고 대답했습니다. 당시 청중들은 예외없이 속으로 '거절할 리가 없지. 당연히 빵 세 덩이를 주어야지'하고 말했습니다. 예수님은 청중들이 속으로 이렇게 생각할 때, 한걸음 더 나아갑니다. '우정만을 고려하면 주지 않겠지. 그러나 그 사람의 아나이데이아 때문에 빵뿐만 아니라 그 만찬에 필요한 것이면 무엇이든지 줄 것이다.'

여기서 궁금한 점이 생깁니다. 두 가지입니다. 하나는 집 안에서 자고 있던 친구에게 그 사람이 요구한 것들은 어떤 것이고, 다른 하나는 아나이데이아는 무엇을 뜻하는가 하는 점입니다.

그 사람이 마을의 친구에게 요구한 것은 빵입니다. 현대는 점점 빵이 일반화되고 있습니다. 쌀문화권에서도 예외가 아닙니다. 그런데 "빵"하면, 주로 손에 들어가는 작은 빵을 연상합니다. 물론 오병이어 사건에서 한 어린이에게 있었던 보리빵 다섯 개와 같이 작은 것도 "빵"(ἄρτος; 아르토스)이라 불렀습니다. 그러나 여기서는 만찬용 빵입니다. 이

빵은 어른이 들면 얼굴과 목이 다 가려질 만큼 커다란 빵입니다.

예수님 당시 중동의 마을에서 빵굽는 풍경을 리바니(Abraham Mitrie Rihbany; 1869-1944)라는 시리아 출신 미국 신학자요 언어학자요 역사학자가 잘 묘사하고 있습니다. 리바니에 따르면, 중동마을에서 빵은 테누르(tennûr)라는 '오븐'에서 공동으로 구웠습니다. 크기는 직경이 약 90cm, 길이가 약 150cm정도였습니다. 이 '공동오븐'은 마을마다 몇 개씩 있었습니다. 빵구울 날짜는 마을의 전가족이 아니라 그중 일부에게 돌아갔습니다. 정해진 날 정해진 가족들이 와서 차례차례 구웠습니다. 한번에 100덩이에서 200덩이씩 구웠습니다.[27] 그러니까 그 사람의 집에는 그날 빵굽기가 배당되지 않았고, 그 친구의 집은 구울 차례였다고 추측할 수 있습니다.

그러면 밤에 찾아온 손님에게 베풀 만찬에 왜 이렇게 신경을 써야 합니까? 그 손님이 단지 개인의 손님이 아니라 그 마을 전체의 손님이기 때문입니다. 여행 중에 온 친구는 그 사람의 친구이기

이전에 자기 마을 손님입니다. 이런 손님에게는 그날 저녁 먹다 남은 빵을 내놓아서는 안됩니다. 그렇게 하면 손님을 모욕하는 것입니다.[28] 이 사람이 속한 문화에서는 없으면 없는데로 만찬을 준비하는 것보다 자는 마을 친구를 깨워 빌리는 것이 훨씬 정중한 일인 것이지요. 하지만 만일 그 마을 친구가 이런 의미로 자기 친구가 밤에 요청한다는 것을 알면서도 거절하면 어떻게 됩니까? 이것이 다음으로 다룰 주제입니다.

예수님은 말씀하십니다. '친구여서가 아니라 자신의 아나이데이아 때문에 줄 것이다. 빵 세 덩이만이 아니라 만찬에 필요한 샐러드, 치즈, 우유, 만찬용 접시, 그릇 등을 줄 것이다.' 우정보다 강력한 동기를 언급합니다. "아나이데이아"입니다. 그러면 이 "아나이데이아"는 어떤 것일까요?

크게 볼 때, 두 가지 해석이 있습니다. 하나는 "창피할 줄 모르고 철면피처럼 뻔뻔함"을 가리킵니다.[29] 다른 하나는 "강청과 끈질김"입니다.[30] 이 두 번역 중 첫째 뜻으로 번역한 역본이 훨씬 많습니다. 그럼에도 둘째 뜻으로 이해하는 독자들이 더 많습니다.[31] 왜 이런 일이 일어났을까요? 베일리에 따르면, 이 변화는 라틴어역에서 일어났습니다. 고대라틴어번역까지만 해도 임프로비타템(*improbitatem*; "창피할 줄 모름, 뻔뻔함, 무례함")이 지배적이었는데, 점차 임포르투니타템(*importunitatem*; "귀찮게 함, 성가시게 함")으로 바뀌었다는 것입니다.[32] 하지만 번역이 해석을 바꾸기 전에 본문을 달리 이해하기 시작했다고 볼 수 있습니다. 고대라틴역이나 불가타를 쓰는 지역뿐만 아니라 콥트어, 아랍어를 쓰는 지역에서도 점차 아나이데이아를 "창피를 모름이나 뻔뻔함"보다는 "귀찮게 함, 강청함, 끈질김"으로 이해했기 때문입니다. 무엇보다 신학자들과 일반인들이 기도를 "강청과 끈질김"으로 이해했기 때문입니다. 만일 이것이 옳다면, 예수님은 여행 중인 친구가 있는 사람이 그 마을 친구에게 가서 만찬용 빵과 기구들을 끈질기게 간청하고 요구해서 기어히 받아냈다고 말한 셈이 됩니다. 여행하다가 온 친구는 그 사람의 손님일 뿐입니다. 마을의 친구와는 아무 상관이 없습니다. 그는 우정 때문이 아니라 마지 못해 귀찮아서 들어준 것뿐입니다. 그 마을에서 평판을 유지하는데, 전혀 문제가 되지 않습니다. '아니 그 늦은 시간에 막무가내로 자기 친구 대접하기 위해 온 가족을 다 깨웠어?' 하는 동정을 받을 것입니다. 하지만 예수님의 청중들은 이런 개인주의적인 사회에 살고 있지 않았습니다.

나아가 만일 이것이 예수님이 가르치신 기도였다면, 제자들은 더 배울 것이 없었습니다. 유대인들은 끈질기게 기도했습니다. 뿐만 아니라, 자신이 구하는 바를 얻기 위해 방향없이 강청하는 것은 이방인들도 하고, 모든 종교에서도 이미 하는 것입니다. 제자들이 예수님의 기도에서 이런 인상을 받고 "우리에게 기도를 가르쳐주소서"하고 요청했다면, 그들의 요청은 이미 아는 내용을 확인해 달라는 요구에 지나지 않습니다. 따라서 이런 해석은 본문의 본뜻을 심각하게 훼손합니다.

그러면 "그의 아나이데이아 때문에"라는 말씀은 무엇을 가리킵니까? 아나이데이아는 "창피함,

수치심"($αἰδώς$; 아이도스)[33] 이라는 개념에 부정을 나타내는 아($α-$)와 추상접미사 에이아($-εια$)가 덧붙여진 단어일 수 있습니다.[34] 그러면 "그의 아나이데이아 때문에"라는 말은 부정적으로는 "창피함과 수치심을 모른다는 말을 피하기 위해"를 뜻합니다. 긍정적으로는 "자신의 명예를 지키려고"라는 말이 됩니다.[35] 다시 말해서, 이 마을 친구는 동료의 요청을 받고, 이 일이 마을공동체의 일인 것을 곧바로 알게 됩니다. 만일 들어주지 않으면, 친구가 마을 공동체에 호소할 것입니다. 자신은 창피와 수치를 당할 것입니다. 그는 이런 일을 피할 것이라는 말입니다. 자신의 명예를 지키고, 마을에서 적어도 지금까지 누리던 존경을 유지하려할 것이라는 말입니다. 예수님의 청중들은 이런 공동체 문화에서 살고 있었습니다.

그러므로 예수님의 질문은 이것입니다. "너희 마을에 한 사람이 있다고 하자. 그에게 한 밤중에 친구가 찾아왔는데, 만찬에 내놓을 것이 없었다. 그 사람이 자기 마을 친구에게 찾아가 '벗이여, 빵 세 덩어리를 빌려다오! 내 벗이 오늘 밤 우리 마을에 왔는데, 그에게 내놓을 것이 없노라'고 요청했을 때, 너희 중에 누가 '벗이여, 지금이 몇 시뇨? 문도 잠겼고, 아이들도 다 누워있는데, 일어나 줄 수 없노라' 할 사람이 있느냐?'" 이 질문에 청중들은 속으로 '어디 그런 사람이 있습니까? 아무도 없습니다!' 대답할 것이라는 겁니다. 예수님은 "그가 친구라는 이유로 주지 않을 사람이 있을지 모른다. 하지만 만일 그가 수치심과 창피함을 안다면, 자신의 명예를 지키기 위해서라도 일어나 줄 것이다!" 고 말씀하신 것입니다. 이 해석이 본문에 가장 잘 어울립니다.

예수님은 이 말씀을 하신 후, "구하라, 찾으라, 문을 두드리라" 명령합니다(눅 11:9-10). 너희 중에 아들이 "떡, 생선, 알"을 달라고 하는데, 대신에 "돌, 뱀, 전갈"을 주겠느냐 하고 반문합니다(11:11-12). 그리고 예수님은 '가벼운 것에서 무거운 것으로' 논리(칼 바 호메르)로 마무리하십니다. "육신의 아버지도 좋은 것으로 자녀에게 줄줄 안다. 하물며 하늘에 계신 아버지께서 구하는 자에게 성령을 주시지 않겠느냐?"(11:13).

지금 이 마지막 말씀은 깊은 계곡으로 몰리는 불어난 물과 같습니다. 비유가 끝나고 흐름이 강하고 급하게 변합니다. 어디론가 집중하고 있습니다. "하물며 하늘에 계신 아버지께서 … 성령을 주시지 않겠느냐?"에서 모두 모입니다. 예수님은 왜 "우정이 아니라 자신이 창피와 수치를 당하지 않기 위해서라도 들어줄 것이다"는 말씀 후에 급한 계곡의 물살처럼 단숨에 "하물며… 않겠느냐?"로 가는 것입니까? 둘을 연결하려는 것입니다.

그러면 왜 이 둘을 연결해야 합니까? 그것은 청중들의 삶에서 이 둘이 끊어져 있기 때문입니다. 경험지식도 기도와 끊겨 있고, 하나님의 성품도 연결되어 있지 않은 까닭입니다. 예수님의 말씀을 뒤집어보면, 청중들의 생각을 알 수 있습니다. 그들은 구하지 않습니다. 찾지도 두드리지도 않습니다. 계속해서 구하지 않는 것입니다. 그래서 구하는 자마다 찾는 자가 두드리는 자에게 응답될 것이라는 약속이 필요합니다. 왜 이런 일이 벌어졌습니까?

"아버지"에 대한 오해 때문입니다. 그런데 예수님은 기도하실 때, 온 우주를 모두 배제하는 독점적이고 밀착된 관계에서 아버지를 부르셨습니다. 그분을 절대적으로 무한히 신뢰하셨습니다. 그래서 그분의 나라와 뜻을 구했고, 매일의 선한 것을 아버지의 손에서 찾았으며, 악에서 피할 방법과 악에서 자기 백성을 구할 방법을 위해 아버지께 문을 두드렸습니다. 이것이 제자들에게는 충격에 가까웠습니다.

청중들의 삶은 예수님의 말씀의 뒷면을 보면 알 수 있습니다. 그들은 가장 가까이에 있는 계시도 자신들에게 적용하지 않습니다. 땅에서 잠시 있다가 사라지는 안개처럼 살아가는 육신의 아버지가 비록 악하다 하더라도 자녀들에게 가장 선한 것을 줄줄 알고 또 기꺼이 주려고 한다는 사실을 연장하지 않습니다. 왜 이런 일이 일어나고 있습니까? "아버지"를 모르기 때문입니다. 그래서 비유가 끝나기 전에 이 마을의 친구와 하나님이 얼마나 차이가 나는지 해석해 주는 일이 필요합니다. '그 마을의 친구가 자기가 창피한 것을 면하고, 수

치스러움을 당하지 않으려고, 그 사람이 요구한 만찬용 빵 세 덩어리를 주고, 거기에 만찬에 필요하면, 반찬이든 기구든 그릇이든 무엇이든지 주는데, 하물며 하늘에 계신 너희 아버지께서 구하는 자녀들에게 선한 것을 주시지 않겠느냐? 하늘의 별과 바다, 온 우주를 주는 것이 어렵겠느냐? 그 우주를 지으신 하나님, 성령 하나님이라도 주시지 않겠느냐? 아까워하겠느냐?"

예수님의 말씀은 하나입니다. '오해가 청산되지 않는 한 기도는 달라지지 않는다. 아버지를 오해하고, 하늘 아버지께 신뢰를 두지 않으며, 오직 아버지께 선을 기대하지 않는 한 기도의 세계에 들어가지 못한다. 한 걸음도 앞으로 나아갈 수 없다. 구하거나 찾거나 문을 두드리지 못할 것이다.'

예수님의 탄식도 하나입니다. '너희는 이 마을 친구가 자기의 명예 때문에 거절하지 않을 것이라고 확신한다. 그런데 어떻게 너희 하나님을, 너희 아버지를 최소한의 수치심과 창피함을 아는 자로도 여기지 않는단 말이냐? 그분은 너희를 지으신

자요, 너희를 구속한 자가 아니시냐? … 그러나 이
것이 너희만의 잘못이겠느냐? 너희 목자들은 가르
치지 않았고, 너희 선지자들은 거짓으로 예언했으
며, 너희 제사장들은 자기 권력으로 다스리지 않았
느냐?' (렘 6:30-31).

하나님과 하나님의 사랑에 대한 오해는 뿌리깊
습니다. 이방인들뿐만 아니라 그분의 백성들에게
도 이 오해는 깊습니다. 그 불신과 오해, 그 무지와
불안, 그 두려움과 자기집착은 뿌리를 감아조이는
칡뿌리 같습니다. 주님의 백성이 기도에 무능하고,
의식주 문제를 두려워하며, 자주 낙심하여 믿음을
잃는 원인이 무엇입니까? 오해가 청산되지 않았기
때문이요, 아버지를 모르는 까닭입니다. 주님은 끊
임없이 일깨우십니다:

눅 11:13	눅 12:28	눅 18:1-7
너희가 악할지라도 좋은 것을 자식에게 줄 줄 알거든,	오늘 있다가 내일 아궁이에 던져지는 들풀도 하나님이 이렇게 입히시거든	어떤 도시에 하나님을 두려워하지 않고 사람을 무시하는 한 재판장이 있는데… 이 과부가 나를 번거롭게 하니 내가 그 원한을 풀어 주리라 그렇지 않으면 늘 와서 나를 괴롭게 하리라 하였느니라.
		[6]주께서 또 이르시되 불의한 재판장이 말한 것을 들으라.
하물며 너희 하늘 아버지께서 구하는 자에게 성령을 주시지 않겠느냐?	**하물며** 너희일까보냐?	**하물며** 하나님께서 그 밤낮 부르짖는 택하신 자들의 원한을 풀어 주지 아니하시겠느냐? 그들에게 오래 참으시겠느냐?

믿음이 작은 자들아!	내가 너희에게 이르노니 속히 그 원한을 풀어 주시리라! 그러나 인자가 올 때에 세상에서 믿음을 보겠느냐?

신자가 기도에 견실하지 못하고, 삶에 확신이 없으며, 주님 재림때가 가까울수록 고난에 무능한 것은 무엇 때문입니까? 아버지 하나님과 그리스도 안에 뿌리가 박히고 세워지지 않았기 때문입니다. 하늘 아버지를 한 마을 사람만큼도 생각하지 않고, 들풀을 입히실 만큼의 호의를 가졌다고도 신뢰하지 않으며, 불의하고 패역한 세상 재판장보다도 가까이 느끼지 않기 때문입니다. 그러나 주님은 십자가에서 죽을 때에도 아버지를 신뢰했습니다(눅 23:46). 오직 그분만이 우리 아버지시며 다른 이가 없기 때문입니다(사 63:16).

본문의 메시지

1. 그러면 이제 우리의 기도는 어떻게 달라져야 하겠습니까? 하나님은 우리의 아버지이십니다. 먼저 하나님이 우리의 "아빠"라는 사실을 존재와 삶의 중심과 정체성에 들어오게 해야 합니다. 하나님은 영원히 변함없이 선하시고 거룩하십니다. 먼저 이 사실을 내 영혼에 내 삶에 내 입술과 손과 발에 내 마음에 붙이고 떼지 마십시오. 그래서 삶이 이해되지 않는다 해도 흔들리지 마십시오. 아버지는 선하시고, 내가 보기에 아닌 것 같아도, 세상에나 나에게나 오직 선한 일을 행하십니다. 우리 아버지가 누구십니까?

> 이스라엘의 왕인 여호와, 이스라엘의 구원자인 만군의 여호와가 이같이 말하노라. 나는 처음이요 나는 마지막이라. 나 외에 다른 신이 없느니라. 내가 영원한 백성을 세운 이후로 나처럼 외치며 알리며 나에게 설명할 자가 누구냐?(사 44:6-7)

우리는 처음과 마지막 사이에 살면서 처음은 하나님이시나 마지막은 우리 또는 우리가 사는 상황이라고 생각합니다. 아닙니다. 처음이 하나님이셨듯이 마지막도 하나님이십니다. 부모만큼 자식을 사랑하는 존재는 없습니다. 그러나 설사 부모마저도 나를 버리는 그런 일이 있을 수 있고, 이해할 수 없는 일이 벌어지더라도, "아브라함은 우리를 모르고, 이스라엘은 우리를 인정하지 않는다 할지라도", 성경은 약속합니다. "주님은 우리 아버지시라. 그 이름이 우리의 구속자시라"(사 63:16). 이 하나님이 바로 우리 아버지이십니다.

2. 그러나 동시에 성경이 무엇을 말합니까? 하나님이 처음과 마지막이 되시고, 어떤 상황에서도 우리의 아버지시요 구속자인 것이 분명하며, 그렇게 행하실지라도, 그럴지라도, 하나님의 거룩과 하나님의 나라, 나의 필요와 죄사함을 이루어주시도록 기도해야 합니다.

주 여호와께서 이같이 말씀하셨느니라. 그래도 이스라엘 족속이 이같이 자기들에게 이루

어 주기를 내게 구하여야 할지라. 내가 그들의
수효를 양 떼 같이 많아지게 하되 제사 드릴
양 떼 곧 예루살렘이 정한 절기의 양 무리 같
이 황폐한 성읍을 사람의 떼로 채우리라. 그리
한즉 그들이 나를 여호와인 줄 알리라 하셨느
니라(겔 36:37-38).

우리 주님은 말씀하셨습니다. "너희가 기도할
때, 너희는 이렇게 말하라. 내가 했던 것처럼 말하
라. 너희는 내가 아버지라고 부른 그분을 부르고
경배할 것이며, 내가 열망하듯이 하나님의 이름이
거룩하게 되는 일을 열망할 것이며, 내가 일용할
양식과 일상의 필요를 그분께 절대적으로 의존한
것처럼 오직 그분을 너희와 너희 자손의 결론으로
삼으라. 하나님을 마을의 한 사람보다 못하게 여기
는 오해는 청산되어야 한다. 그분은 너희 아버지시
다. 구하고 찾고 문을 두드리라. 그러면 아버지께서
우주보다 큰 성령을 주실 것이며, 그분의 거룩한 나
라와 일에 참여하게 하실 것이다"(cf. 눅 11:2-13).

4

겟세마네에서
예수님이 하신 기도

---

³⁹예수께서 나가사 습관을 따라 감람 산에 가시매 제자
들도 따라갔더니 ⁴⁰그 곳에 이르러 그들에게 이르시되
"유혹에 빠지지 않게 기도하라" 하시고
⁴¹그들을 떠나 돌 던질 만큼 가서 무릎을 꿇고 기도하
여 ⁴²이르시되
"아버지여, 만일 아버지의 뜻이거든 이 잔을 내게서 옮
기시옵소서. 그러나 내 원대로 마시옵고
아버지의 원대로 되기를 원하나이다" 하시니,
⁴³천사가 하늘로부터 예수께 나타나 힘을 더하더라.
⁴⁴예수께서 힘쓰고 애써 더욱 간절히 기도하시니 땀이
땅에 떨어지는 핏방울 같이 되더라. ⁴⁵기도 후에 일어
나 제자들에게 가서 슬픔으로 인하여 잠든 것을 보시
고 ⁴⁶이르시되 "어찌하여 자느냐? 시험에 들지 않게 일
어나 기도하라!" 하시니라

눅 22:39-46

이 본문에는 특별한 기도가 나옵니다. 고독한 한 사람의 기도입니다. 유월절 식사가 끝났습니다. 보통 유월절 만찬이 자정이 되기 전에 끝나기 때문에, 지금은 깊은 새벽입니다. 예수님과 제자들은 감람산에 있는 한 정원으로 갑니다. 겟세마네라는 곳입니다. 예수님은 제자들과 조금 떨어져 기도하셨습니다. "아버지여, 만일 당신이 뜻이라면, 이 잔을 내게서 지나가게 하소서. 그러나 내 원대로 마시옵고 아버지의 원대로 되기를 원하나이다"(눅 22:42).

이 기도를 할 때, 예수님의 모습은 평소와 달랐습니다. 낯선 모습입니다. 평소 기도하실 때 느껴지던 에너지가 없습니다. 평소 기도하실 때, 방향이 잡히고, 마음이 모이고, 강한 확신이 생겼던 것과 다릅니다. 사람의 시야가 미치지 못하는 거대한 전망을 갖게 되신 것과 거리가 먼 모습입니다. 성경은 이 낯선 모습을 두 가지로 묘사합니다. 하나는 쇠약한 자요, 다른 하나는 불법자입니다. 이중으로 낯선 기도자입니다. 이 기도자의 모습은 어떤 내용을 표현하고 있습니까? 예수님의 낯선 모습으로 성경이 전하고자 한 내용은 무엇입니까?

"잔"과 연약자

예수님은 지금 매우 쇠약한 사람의 모습입니다. 또 극도의 고뇌 속에 있습니다. 그러면 왜 주님의 몸이 무력해지고, 영혼이 괴롭게 되었을까요?

연약자

예수님의 무력증과 고뇌는 한편으로 당연하게 보입니다. 독자들은 이미 십자가를 보고 있기 때문입니다. 독자들은 이것이 예수님께서 체포와 심문, 고문, 십자가의 고통이 점점 속도를 내며 자신에게 다가올때, 그분이 고통을 느끼는 모습이라고 생각합니다. 예수님이 이 일들을 너무도 생생하게 본 나머지 공포에 휩싸인 모습이라고 생각합니다. 틀린 생각은 아닙니다.

문제는 객관적인 상황이 그렇지 않다는 것입니다. 예수님과 제자들은 지금 일년 중 가장 큰 명절을 보내고 있습니다. 유월절 만찬이라는 가장 좋은 식사를 했습니다. 나아가 방금 전에 유월절 만찬의 마지막 순서를 가졌습니다. 그것은 하나님이 과거에 베푸신 구원을 기억하며 감사와 찬송을 올려드리는 것입니다.[36] 성경은 예수님과 제자들이 "찬미하고 감람산으로 갔다"고 말합니다(마 26:30; 막 14:26). 이런 찬송이었습니다:

이스라엘이 애굽에서 나오며,
　야곱의 집안이 언어가 다른 민족에게서
　나올 때에,
　[2] 유다는 여호와의 성소가 되고,
　이스라엘은 그의 영토가 되었도다!(시 114:1-2)

　　　　　.......

주는 나의 하나님이시라.

내가 주께 감사하리이다.

주는 나의 하나님이시라

내가 주를 높이리이다

[29] 여호와께 감사하라

그는 선하시며 그의 인자하심이 영원함

이로다(시 118:28-29).

　　가장 큰 명절의 분위기, 가장 좋은 식사에서 오는 만족, 이스라엘 역사에서 일어난 가장 위대한 구속사건에 대한 기억 등을 고려한다면, 가슴벅찬 정서와 분위기가 더 자연스럽지 않겠습니까? 그런데 이상한 일입니다. 이 찬송과 감사가 갑자기 무력함과 번민하여 죽을 것 같은 심정으로 바뀌었기 때문입니다. 이것이 첫 번째 이상한 점입니다.

　　나아가 예수님은 유월절 만찬에서 성만찬을 제정하셨습니다. 떡과 포도주를 주셨습니다. "너희를 위해 찢기는 내 몸이라", "너희를 위해 흘리는 피, 나의 피 곧 새 언약의 피니라"고 말씀하셨습니다. 그러면서 이 만찬을 앞으로 완성할 하나님의 나라에서 베푸실 종말론적 만찬과 연결하셨습니다(눅 22:14-16). 예수님은 제자들이 못보는 것들뿐만 아니라 그들은 볼 수 없는 새 시대까지 내다보고 계셨던 것입니다.[37] 만일 그렇지 않다면, 자신의 고난과 십자가 죽음, 부활에 관한 예고는 전혀 이해할 수 없습니다. 또 이미 갈릴리를 떠나 예루살렘으로 가실 때, 그 십자가를 향해 "얼굴을 굳게 하고" 올라오셨습니다(눅 9:51). 지금에 와서야 십자가를 대면하고 있는 것이 아닙니다. 이미 익숙하게 알고 계셨던 것입니다. 그런데 갑자기 공포와 두려움으로 몸을 가눌 수 없는 존재로 바뀐 것입니다. 이것이 두 번째 이상한 점입니다.

그러면 예수님의 모습을 어떻게 이해할 수 있습니까? 예수님의 육신이 갑자기 쇠약해진 원인, 예수님의 정신적인 고뇌가 극도로 증가한 까닭을 다 파악하는 것은 불가능합니다. 그러나 예수님의 낯선 모습의 비밀에 조금이나마 다가가기 위해서는 예수님의 기도내용과 그 기도를 하실 때 모습을 좀더 면밀하게 살펴볼 필요가 있습니다.

연약자의 기도

예수님은 이렇게 기도하셨습니다:

아버지여,

만일 당신이 뜻하시면,

이 잔을 내게서 지나가게 하소서!(눅 22:42a).

여기서 "이 잔을 내게서 지나가게 하소서"라는 문장을 좀더 문자적으로 번역하면, "이 잔을 내게서 당장 지나가게 하소서"(aor.)입니다. "내게서"는 좀더 구체적으로 "내 입술에서"로 이해할 수 있습니다. 그러니까 "이 잔"은 멀리서 다가오는 중에 있는 어떤 것이 아닙니다. 이미 자신 앞에 와 있고, 자신의 입에 대어 있는 것입니다. 기울이면 마셔야 할 상태에 있습니다.

만일 "이 잔"을 십자가 사건, 역사적 시공 속에서 일어난 사건으로 본다면, 이것은 이상한 말이라고 하지 않을 수 없습니다. 시간적으로 뒤에 있을 일이 앞에, 즉 지금 겟세마네 기도 순간에 와 있다는 말이기 때문입니다.

여기서 두 가지를 이해하는 것이 중요합니다. 하나는 성경이 우리에게 주님의 고난을 생각보다 훨씬 넓고 깊게 제시한다는 점입니다. 다른 하나는 주님이 본 실제가 무엇인가 하는 점입니다. 그것이 무엇인가는 이 기도와 동반하여 일어난 일을 관찰할 때, 더 분명하게 드러납니다.

연약자가 본 계시

예수님께서 기도하실 때, 보이지 않는 세계가 움직였습니다.

"천사가 하늘에서 나타나 예수께 힘을 더하더라"(눅 22:43).

첫째, 천사가 움직였습니다. 천사가 예수님께 나타났습니다. 예수님을 강하게 해 주었습니다. 이것은 예수님이 약해진 것을 전제합니다. 특별히 몸이 쇠약해진 것입니다. 예수님의 몸에서 힘이 다 소진된 원인은 보이는 세계에 속한 것에 있지 않습니다. 잘못 먹었다거나 병에 들었다거나 혹은 싸움이나 고문 등을 받아서가 아닙니다. 만일 그랬다면, 누군가 부축해 주면 됩니다. 예를 들면, 제자들이 나서면 됩니다. 그러나 여기서는 물리적인 도움이상이 필요했습니다.

성경에 모든 것이 정상인데, 갑자기 어떤 사람이 극도로 약해지고, 천사가 와서 강하게 해 주는일이 가끔 나타납니다. 예를 들면, 다니엘이나 사도 요한을 생각할 수 있습니다:

> 그러므로 나만 홀로 있어서 이 큰 환상을 볼 때에 내 몸에 힘이 빠졌고 나의 아름다운 빛이 변하여 썩은 듯하였고 나의 힘이 다 없어졌으나, ⁹내가 그의 음성을 들었는데 그의 음성을 들을 때에 내가 얼굴을 땅에 대고 깊이 잠들었느니라(단 10:8-9).

다니엘은 페르시아 왕 고레스 제3년에 환상을보았는데, "큰 전쟁에 관한 것"이었습니다. 이것을깨닫기 위해 21일 동안 금식했습니다. 24일째 되는 날에 힛데겔이라는 곳에서 "한 사람"이 찾아옵니다. 세마포 옷을 입고 정금 띠를 허리에 띤 것으로 보아 사람 같아 보였습니다. 그런데 얼굴이 번개빛 같고 말 소리가 많은 무리의 소리와 같았습니다(단 10:5-6). 사람들은 그를 보지는 못했습니다. 그럼에도 두려워 떨며 도망하여 숨을 정도였습니다(10:7). 다니엘 혼자 보았는데, 다니엘의 반응도 이 세상의 어떤 존재를 볼 때와 전혀 달랐습니다. 몸에서 힘이 빠졌습니다. 얼굴빛이 바래서 마치 썩은 듯했습니다. 존재를 지탱하는 모든 에너지가 빠져나가는 것 같았습니다.

다니엘은 종말에 이스라엘 백성이 당할 일을 계시하러 온 이 "인자같은 이"에게 말합니다. "내가 곧 입을 열어 내 앞에 서 있는 자에게 말하여 이르되, '내 주여 이 환상으로 말미암아 근심이 내게 더하므로, 내가 힘이 없어졌나이다. 내 몸에 힘이 없어졌고 호흡이 남지 아니하였사오니, 내 주의 이 종이 어찌 능히 내 주와 더불어 말씀할 수 있으리이까?'"(10:16-17). 그런데 그가 다니엘을 만지며 강건하게 합니다. 그러자 다니엘이 힘이 나서 말합니다: "내 주께서 나를 강건하게 하셨사오니 말씀

하옵소서"(단 10:19). 이때 그 천사는 페르시아 후에
헬라 제국이 일어날 것을 계시합니다(10:21).

신약에서도 마찬가지입니다:

내가 볼 때에 그의 발 앞에 엎드러져 죽은 자
같이 되매, 그가 오른손을 내게 얹고 이르시되
두려워하지 말라.
나는 처음이요 마지막이니,
[18]곧 살아 있는 자라.
내가 전에 죽었었노라.
볼지어다, 이제 세세토록 살아 있어
사망과 음부의 열쇠를 가졌노니,
[19]그러므로 네가 본 것과 지금 있는 일과
장차 될 일을 기록하라.
[20]네가 본 것은 내 오른손의 일곱 별의 비밀과
또 일곱 금 촛대라.
일곱 별은 일곱 교회의 사자요
일곱 촛대는 일곱 교회니라(계 1:17-20).

사도 요한이 밧모섬에 있을 때, "촛대 사이에

거니시는 인자 같은 이"를 보았는데, 부활하신 예수님이었습니다. 예수님은 긴 옷을 입었고, 가슴에 금띠를 띠었으며, 눈은 불꽃 같았습니다. 그의 얼굴은 해가 힘있게 비치는 것 같았으며, 그의 음성은 많은 물소리 같았습니다(계 1:12-16). 요한은 이 "인자같은 이"를 보았을 때, 마치 죽은 자와 같이 되었습니다. 힘과 생명이 모두 증발해 버린 사람같이 되었습니다.

그러면 언제 이런 일이 일어납니까? 다니엘에게도 사도 요한에게도 동일합니다. 그들로서는 감당할 수 없을만큼 큰 계시를 받았을 때입니다. 하나님이 세계 역사를 어떻게 경영하실 것인지, "지금 있는 일과 장차 될 일"이 무엇인지 등에 관한 계시입니다. 모두 오직 하나님의 작정에만 속한 일들입니다. 그들의 무력증은 이런 일을 볼 때 나타나는 현상입니다. 이것을 본문에 적용하면, 예수님은 '계시'를 받은 것입니다. 예수님은 한 인격에 신인 두 본성이 연합된 존재라는 점에서 보통 인간을 초월하는 측면이 있지만, 지금 그분에게도 크고 무거운 사실을 알게 된 것입니다. 예수님 자신의 인성으로 다 감당할 수 없는 큰 계시를 본 것입니다. 이 계시는 "이 잔"이라는 은유로 표현할 수 있는 것이었습니다. 선지자들이 "잔을 마시게 한다"는 은유로 표현한 하나님의 진노에 대한 계시였습니다(사 51:17-23; 렘 25:15-31). 예수님은 지금 보고 있는 것입니다. 창세부터 종말까지 모든 죄가 초월적 밀도로 자신에게 집적하는 것을! 따라서 하나님의 진노 또한 마치 태양 빛 전체가 한 점으로 수렴한 것과 같이 예수님에게 집중하는 것을! 이렇게 죄와 형벌, 진노와 심판이 집중되고, 하나님이 십자가에서 자신의 완전한 공의를 실현할 것을![38] 이것이 천사가 나타나 힘을 더한 이유입니다.

둘째, 하나님이 자신의 뜻을 드러내셨습니다. 예수님은 이미 "이 잔"으로 드러낸 계시를 보았습니다. 즉 지금 하나님의 큰 진노와 맹렬한 분노의 포도주 잔이 자신 앞에, 자신의 입에 있습니다. 예수님은 "아버지여, 만일 당신이 뜻하시면, 이 잔을 내게서 지나가게 하소서. 그러나 나의 원대로 마시고, 당신의 원대로 하소서" 기도하셨습니다. 그런데 그 응답의 자리에 누가복음 22:42이 있습니다. 하나님은 그 잔을 예수님의 입에서 지나가게 하지 않으신 것입니다. 메시야의 입에서 지나가게 하지 않으시고, 오히려 그것을 감당하는 것을 '원하신' 것입니다. 그래서 천사를 보내어 그를 강하게 하십니다.[39]

그러자 완전히 드러난 하나님의 진노의 실체와 완전히 드러난 하나님의 뜻의 실체가 주님의 영혼에서 만나면서 주님은 고통과 고뇌로 몸부림을 치게 됩니다. 주님의 몸과 영혼, 인성 전체가 흔들립니다. 죄에 대한 하나님의 진노의 깊은 샘이 터지고, 심판의 엄정함의 창들이 열립니다. 주님의 목소리만이 아니라 몸의 마디마다 세포 하나하나가 신음하며, 견뎌내질 못합니다. "땀이 땅에 떨어지는 핏방울 같이 되더라"(22:44). 갈등이 증폭한 것입니다.

이런 점에서 겟세마네 기도는 주님의 영혼을 위한 준비기도가 아니었습니다. 적어도 이미 알고 있던 사건을 대비하기 위한 기도가 아니었습니다.

그것은 본질적으로 이전에는 한번도 알려진 적이 없는 일을 만난 주님이 드린 기도였습니다. 하나님의 진노가 완전한 분량으로 드러난 최초의 순간에, 그것을 처음으로 마주한 인간이 겪은 고뇌였습니다. 하나님의 이 진노의 규모가 주님의 인성에 처음 계시되었습니다. 이 우주적이고 종말론적인 진노가 말입니다.

주님의 내적 갈등을 더욱 증가시킨 것은 이 무섭고 무거운 진노를 자신에게 지우는 하나님에 대한 신뢰였습니다. "이 잔"을 자신 앞에 둔 이가 하나님이시요, 그것을 마시는 것을 하나님이 원하신다는 사실이었습니다. 이것은 실로 무서운 일이 아닐 수 없습니다. 만일 주님이 하나님을 절대적으로 신뢰하지 않는다면, 그저 법대로 하면 됩니다.

나아가 주님의 내적 갈등을 더욱 크게 한 것은 자기 백성에 대한 사랑입니다. "이 잔"은 자기 백성의 죄에 대한 형벌이기 때문입니다. 이것은 실로 무서운 일이 아닐 수 없습니다. 만일 주님이 자기의 백성을 사랑하지 않았다면, 창세부터 종말까지 단 한명도 예외없이 동일하게 사랑하지 않았다면,

그저 타협하면 됩니다.

주님은 하나님을 절대적으로 신뢰하고, 자기 백성을 모두 절대적으로 사랑하시므로, 깊이도 무게도 헤아릴 수 없는 고난에 들어가셔야 했던 것입니다. "이 잔을 내게서 옮기시옵소서. 그러나 나의 원대로 마소서. 아버지의 뜻대로 하소서". 이 기도는 가늠할 수 없는 주님의 내적 갈등을 보여줍니다. 하나님의 진노를 감당하면서도 아버지에 대한 신뢰를 버리지 않으려는 몸부림과 하나님의 분노의 잔을 마시면서도 자기 백성에 대한 사랑을 버리지 않으려는 싸움이 "땀이 땅에 떨어지는 핏방울 같이" 되게 했습니다.

지금까지 예수님의 기도내용과 기도시 동반된 사건을 중심으로 살펴보았습니다. 이제 시야를 넓혀 보겠습니다.

메시야 기도와 '불법자'

우선 겟세마네 기도 본문 자체에서 기도가 시

작되기 바로 직전 단락으로 넓혀 보겠습니다. 그러면 주님은 쇠약한 기도자일 뿐만 아니라 "불법자로 여김받은" 기도자라는 것을 알 수 있습니다. 여기서 예수님은 제자들이 아직 감지하지 못하는 변화를 말씀하십니다. 예수님은 이사야 53장을 인용하셔서 지금 상황을 설명하셨습니다:

> 내가 너희에게 말하노니 기록된 바
> "심지어 그는 불법자의 동류로 여김을 받았다" 한 말이 내게 이루어져야 하리니
> 내게 관한 일이 이루어져 감이니라(눅 22:37).

'불법자'

여기서 예수님은 "불법자의 동류로 여김을 받았다"고 말합니다. 여기서 "불법자"란 "법이 없는 자들"(ἀνόμων)이라는 말입니다. 이사야 본문에서는 "범죄자들"(פֹּשְׁעִים)을 가리킵니다. 이들은 "반역한 자들"을 의미합니다(cf. 왕상 12:19; 시 5:10).[40] 세상의 죄인들을 말합니다. 문제는 결코 죄인이 아닌 사람, 죄인들과 함께 있지 않은 사람, 죄를 알지도 못

하는 사람이 이 범죄자들과 함께 있게 된 것입니다. 높은 지위, 고귀한 신분에 있는 사람일수록 똑같은 죄도 커집니다. 여호와의 종, 의롭고, 존귀하며, 여호와의 뜻을 실현할 존재가 "범죄자들로 여김받았기" 때문에, 또는 재귀적으로 "자신을 심지어 범죄자들과 함께 두었기" 때문에 심각한 것입니다. 자신이 "하나님의 아들"이라고 주장한 이를 사람들이 "불법자"로 여기므로 더욱 심각해지는 것입니다. 이는 주님 자신만이 아니라 그에게 속한 모든 사람들을 불법자요 범죄자로 만들기 때문입니다.

이런 점에서 주님의 명령을 이해할 수 있습니다. 이제는 상황이 바뀌었다는 것입니다. 이전에는 아무 준비가 없어도 주님 때문에 세상이 제자들에게 호의적이었는데, 이제는 그들이 세상에서 적대를 받을 것이라고 말합니다. 지갑도 배낭도 필요하고, 심지어 생명의 위협을 받을 수도 있으므로 검을 준비해야 할 수도 있다는 것입니다(22:36).

'불법자'의 사역

그런데 누가복음 22:37은 '인용'입니다.[41] 주님은 이사야 53:12d를 인용하셨습니다. 이 구절이 인용이라는 것이 눈에 들어오자마자 다른 차원이 열립니다. 주님은 고난받는 종과 자신을 일치시킵니다. 그런데 주님은 일부를 인용하신 후 갑자기 멈추어 그 뒷부분을 이어가지 않습니다. 왜 그렇게 하셨을까요?

여기서 고려해야 할 것이 있습니다. 누가의 "생략기법"입니다. 누가복음에는 이사야에서 "저가 심지어 불법자와 같이 여김 받았다"(사 53:12d)는 말씀 후에 등장하는 역접문장이 생략되어 있습니다.

그러나 그가 사실은 많은 사람들의 죄를 지며,
범죄자들을 위해 기도하였느니라(사 53:12e-f).

누가는 이 부분을 생략한 것입니다. 대신에 바로 이어 겟세마네 기도가 나옵니다. 이것은 겟세마네 기도를 이해하는 틀을 제공합니다.

이것을 명확히 하기 위해 누가의 생략기법이

나타난 다른 예를 살펴보겠습니다. 예를 들면, 잃어버린 두 아들의 비유에서 둘째 아들이 돌아가서 아버지에게 하는 말입니다. 둘째 아들은 자신의 처지가 아버지 집의 품꾼들보다 못하다는 것을 깨닫고 돌아갈 계획을 세웁니다. 이때 이 둘째 아들은 말을 준비합니다. 그리고 아버지 앞에서 준비한 말을 하지요. 그런데 준비한 말과 아버지 앞에서 한 말이 차이가 납니다:

	준비(눅 15:18-19)	실제(눅 15:21)
1. 부름	아버지,	아버지,
2. 죄	내가 하늘과 아버지께 죄를 지었사오니,	내가 하늘과 아버지께 죄를 지었사오니,
3. 아들이 아님	지금부터는 아버지의 아들이라 일컬음을 감당하지 못하겠나이다.	지금부터는 아버지의 아들이라 일컬음을 감당하지 못하겠나이다.
4. 품꾼	나를 품꾼의 하나로 보소서!	-------

둘째 아들은 준비한 말을 다 못합니다. 아들은 왜

마지막 말을 할 수 없었을까요? 못한 것이 아닙니다. 본래는 아들이 "나를 품꾼의 하나로 보소서!" 하고 말했어야 했습니다. 그런데 그 자리에 아버지의 말이 나온 것입니다. 아들이 말을 하는 중간에 아버지가 끼어든 것입니다.[42] 아버지는 아들의 말을 막고, 종들에게 말합니다. "제일 좋은 옷을 내어다가 입히고, 손에 인장 반지를 끼우고, 발에 신을 신기라. 그리고 살진 송아지를 잡으라!" "옷을 입힌다"는 것은 높은 위엄을 회복시켜 준다는 것을 나타냅니다(cf. 창 37:3 | 37:23, 32 | 41:14). 또 메시야의 시대(사 61:10)를 상징하기도 합니다. "인장 반지"는 권위를 부여한다는 의미입니다. "신발"은 아들이 자유인임을 선언한 것입니다. 염소나 양이 아닌 "송아지를 잡는다"는 것은 아버지가 마을 사람들을 모두 저녁 연회에 초대한 것을 의미합니다. 몇 시간 내로 먹지 않으면 썩기 때문입니다.[43] 아버지의 행동이 하나하나 계속될수록 '품꾼으로 여기소서'하고 말하려고 했던 계획은 아들의 마음에서 하나하나 사라지고 있습니다.

이것은 무엇을 의미합니까? 아들이 돌이켰다

는 것을 확인하자마자 곧바로 아버지는 둘째 아들의 신분과 명예, 지위를 회복시켜준 것입니다. 둘째 아들은 자신을 품꾼으로 보려고 했으나, 이 생각은 거듭 깨지고 뒤집힙니다.

이런 생략기법을 본문에서 발견할 수 있습니다. 누가는 "그가 심지어 불법자와 함께 여김받았다"(사 53:12d)를 인용하고 난 다음, 온 세상의 판단과 평가와 반대로 여호와의 종은 실제로 무슨 일을 했는지 공백으로 두었습니다. 물론 제자들의 마음에는 예수님께서 이사야 53:12을 인용하자마자 그 전체 내용이 울리고 있습니다. 그런 상태에서 "그러나 사실은 그가 많은 사람의 죄를 지며, 범죄자들을 위해 기도하였느니라"는 말씀의 자리에 예수님의 겟세마네 기도가 온 것입니다.

이사야	누가
53:10　여호와의 뜻을 성취함	
53:11　그들의 죄악을 담당함	
……	

53:12d 범죄자중 하나로 헤아림을 받음	– 불법자의 동류로 여겨짐	22:37
53:12e 많은 사람의 죄를 담당함	⌐ 겟세마네 기도	22:39-46
53:12f 범죄자를 위해 기도함	⌐	
	"저들"을 위해 기도함	23:34

사람들은 예수님이 겟세마네에서 한 기도는 자신을 위한 기도였다고 생각합니다. 이사야 53장을 해설하는 구약학자든 복음서 고난기사를 주석하는 신약학자든 거의 예외가 없습니다. 이 기도는 십자가를 앞두고 하신 기도요, 그리스도께서 자신의 시험을 이기기 위한 기도였다는 것입니다. 이것은 사실입니다. 그러나 주님이 겟세마네에서 "이 잔을 내게서 옮기시옵소서. ... 내 뜻이 아니라 아버지의 뜻이 이루어지게 하소서"하고 기도한 것은 메시야의 사역이기도 했습니다. 많은 사람의 죄를 짊어진 속죄제물의 사역이었습니다. 자기 백성을 위해 스스로를 범죄자들과 함께 두시고, 그들을 위

해 하시는 대제사장의 간구이기도 했습니다. 실제로 예수님이 "기도하셨다"(눅 22:41 προσηύχετο)고 할 때, 일반적인 기도용어를 쓴 것은 사실입니다. 그러나 이 말속에는 파나(פָּגַע; "마주치다. 직면하다; 누군가 앞에 서다"; 사 53:12f)의 의미가 내포되어 있습니다. 대제사장의 중보기도를 말합니다.

'불법자'의 간구

예수님께서 십자가에서 다음과 같이 기도합니다:

이에 예수께서 이르시되

아버지,

저들을 사하여 주옵소서

자기들이 하는 것을 알지 못함이니이다

하시더라(눅 23:34).

여기서 "저들은" 예수님을 십자가에 못박는 사람들입니다. 십자가 주위에 서서 희롱하는 로마군인들입니다. 그를 모욕하고 저주하는 유대 관원들입니다. 비웃는 백성들입니다. 일차적으로 이들을 가리킵니다. 그러면 그들뿐입니까? 주님은 그들만 위해 기도하셨습니까?

이 질문에 대한 옳은 대답을 찾기 위해서는 처음으로 돌아가야 합니다. 그리고 다시 질문해야 합니다. '주님이 왜 지금 십자가에 달리셨는가?' 주님은 말씀하십니다. "이는 기록된 이 말씀이 내 안에서 반드시 이루어져야 함이라"(눅 22:37a). 이사야 53장에서 예언한 바와 같습니다. "그가 불법자들과 함께 여김을 받을 것이다. 더 나아가[44] 또한 나에 관한 것(τὸ περὶ ἐμοῦ)이 완성에 이르고 있기 때문이라"(22:37b). 그런데 이사야 53:12에서는 "그가 자신을 불법자와 같이 여길 것이다" 다음에 "그러나 그가 **많은 사람들**(רבים)의 죄를 짊어질 것이다. 그리고 **범죄자들**(פשעים)을 위해 기도할 것이다"는 예언이 나옵니다. 이 예언이 성취된 것입니다. 주님은 이 예언에 따라 십자가에서 죽으셨습니다.

주님은 누구를 위해 십자가를 지셨습니까? "많은 사람들"을 위해서입니다. 여기서 "많은 사람들"은 "존귀한 사람들"으로도 해석할 수 있습니다 (Calvin). 이들은 여호와의 종이 자기 영혼을 속전으로 내놓았을 때, 그가 보게 될 "씨"를 가리킵니다(사 53:10).[45] 자기 백성을 말합니다. 그러니까 메시야가 자신의 구속사역으로 얻게 될 백성들의 죄를 담당할 것이라는 말입니다. 또 여기서 "범죄자들"이란 말은 "반역한 자들"이라는 뜻입니다(cf. 왕상 12:19; 시 5:10). 이들은 여호와와 그의 기름부은 자를 대적하여 일어난 이들입니다(시 2:1-3). 다윗은 이 전세계적이고 창세부터 종말까지 오래되고 멈추지 않는 반역의 전형을 당대에 보았고, 누가는 십자가 사건에서 본 것입니다(cf. 행 4:25-28). 이 예언이 실체를 만난 것입니다. 주님은 이 예언에 등장하는 자기 백성들 또는 반역한 자들을 위해 죽으신 것입니다.

본문의 메시지

1. 겟세마네 기도는 일차적으로 십자가를 져야 하는 주님 자신을 위한 기도였습니다. 하지만 이것이 전부는 아니었습니다. 이 기도는 큰 계시 앞에

서 쇠약해진 자의 기도입니다. 주님은 "이 잔"의 실체를 보았습니다. 죄에 대한 하나님의 크고 완전한 진노와 엄중한 심판이 자신 앞에 드러난 것입니다. "이 잔을 내 입에서 당장 지나가게 하소서. 그러나 나의 뜻대로 마시고 아버지의 뜻대로 하소서!" 이 기도는 깊이를 가늠할 수 없는 주님의 내적 갈등을 보여줍니다.

2. 나아가 주님의 기도는 스스로를 불법자의 위치에 둔 메시야의 사역이었습니다. 이 메시야 사역에서 구약의 속죄제물과 대제사장이 하나가 됩니다. 따라서 겟세마네에서 시작된 그분의 사역은 구약계시가 수렴하여 만든 종말론적 실체였습니다. 구약에서는 제물과 대제사장이 따로였습니다. 제물에 죄를 전가합니다. 대제사장 자신은 죄를 짊어지지 않습니다. 그러나 여기서는 제물과 대제사장이 하나입니다. 자신이 속죄제물이면서 동시에 대제사장입니다. 그러므로 주님은 모든 자기백성의 죄들을 자신에게 뒤집어 씌웁니다. 그래서 단지 "여겨지는 것"이 아니라 말그대로 "행악자", "범죄

자", 심지어 "우리를 위해 죄"가 되신 것입니다(cf. 고후 5:21).

예수님의 기도는 하나님의 완전한 진노가, 모든 나라 모든 시대의 자기 백성에 대한 그분의 진노가 자신 안에서 완전하게 쏟아지기를 원하는 기도였습니다. 나아가 그들 한사람 한사람을 구원하려는 아들의 무한한 긍휼이 조금이라도 삭감되거나 조금이라도 약화되지 않도록 하기 위한 기도였습니다. 신자는 이런 구원을 받았습니다. 게르할더스 보스는 이렇게 말합니다:

> "그리스도께서는 하늘에서 분명히 영광스러운 중보자로 현존하고 계신다. 하지만 그분의 중보기도를 통해 그분의 낮아지심에서 드린 제사[십자가]가 계속해서 기억된다. 이와 같이 그의 백성들의 믿음의 의식에서도 이 제사가 계속해서 다시 출발점이 되어야 한다. 거기서 그리스도와 그들의 교제가 시작된다."[46]

겟세마네 기도는 현재 천상에서 그리스도께서

자기 백성의 죄를 어떻게 감당하시는지, 하나님 앞에 서서 어떻게 간구하시는지 생생하게 보여줍니다(cf. 롬 8:34).

5

교회의 기도와
하나님의 응답

---

¹그 때에 헤롯 왕이 손을 들어 교회 중에서 몇 사람을 해하려 하여 ²요한의 형제 야고보를 칼로 죽이니 ³유대인들이 이 일을 기뻐하는 것을 보고 베드로도 잡으려 할새 때는 무교절 기간이라. ⁴잡으매 옥에 가두어 군인 넷씩인 네 패에게 맡겨 지키고 유월절 후에 백성 앞에 끌어 내고자 하더라. ⁵이에 베드로는 옥에 갇혔고 교회는 그를 위하여 간절히 하나님께 기도하더라. ....
¹²여러 사람이 거기[마가의 어머니 마리아의 집]에 모여 기도하고 있더라.

행 12:1-5, 12

지금까지 예수님의 기도를 살펴보았습니다. 주님은 일상에서 기도하셨습니다. 공생애를 시작하는 역사의 전환점에서 기도하셨고, 때로 집중적으로 기도하셨으며, 십자가를 앞두고 기도하셨습니다.

그러면 교회는 어떻게 했을까요? 초대교회는 기도했습니다. 항상 기도했고, 모일 때 기도했고, 위기에 닥쳤을 때 기도했습니다.

사도행전 12장에는 예루살렘 교회의 기도가 나옵니다. 온 교회가 모여 합심으로 한 가지를 위해 기도했습니다. 구체적인 기도내용이 기록되지 않았으나, 앞뒤 문맥으로 볼 때, 그들은 베드로를 헤롯의 손에서 구해달라고 기도했습니다. 그런데 예루살렘 교회 그리스도인들은 자신들의 기도가 응답되어 현실로 눈앞에 있는데, 믿지 못했습니다.

왜 그랬을까요? 이 '불신'과 더불어 여러 질문이 떠오릅니다. '하나님은 교회의 기도에 어떻게 응답하시는가? 어떻게 일하시는가? 누가는 이것을 어떻게 묘사하는가? 이것은 현재 교회인 우리의 기도와 어떤 관계가 있는가?'

이제 이 질문들을 염두에 두고 본문을 자세히 살펴보겠습니다.

예루살렘 교회가 한 기도의 내러티브적 위치

예루살렘 교회의 기도를 이해하기 위해서는 눈을 조금 크게 떠야 합니다. 시야를 약간 넓혀보면, 두 이야기가 예루살렘 교회의 기도와 정교하게 짜여 있다는 것을 관찰할 수 있습니다. 그 두 이야기란 시리아 안디옥 교회가 사절을 파송한 것과 헤롯이 계획한 박해정책입니다. 이 모든 것이 한 흐름 안에 있습니다. 그런데 이 흐름을 현대의 독자들은 잘 인식하지 못합니다. 가장 큰 이유 중 하나는 거의 모든 현대어 성경번역에서 사도행전

11:27-30을 12:1에서 분리하고, 12:1부터 새로운 단락으로 구분하기 때문입니다.

그러나 누가는 동시장면을 연출하듯이 씁니다. 우선 누가는 사도행전 11:27-30에서 두 사절의 움직임을 말합니다. 바나바와 사울입니다. 시리아에서 유대지역으로 가는 움직임입니다. 그런데 12장에 들어오면서 바나바와 사울이 갑자기 사라져 버립니다. 그러다가 다시 12:25에 "예루살렘을 향해 돌이키는" 두 사람으로 다시 나타납니다.[47] 그 중간에 사도행전 12장이 있습니다. 여기서 누가는 헤롯의 박해와 베드로의 수감, 구출, 도피, 헤롯의 갑작스러운 죽음을 기록합니다. 많은 사람들이 이 부자연스러운 흐름에 당혹해 합니다. 불필요한 단락으로 보기도 합니다.[48] 하지만 이것은 본문을 크게 오해한 것입니다. 누가는 해석의 실마리를 충분히 제공합니다. 예를 들어, 복음확장공식입니다:

하나님의 말씀은 흥왕하여 더하더라(행 12:24).

이 공식은 복음이 충분히 선포되었을 때나, 복

음을 방해하거나 저항하는 세력, 문제 등이 해결되었을 때 등장합니다(행 2:41, 47; 행 6:7; 9:31; 16:5; 19:20). 이 관찰을 본문에 적용하면, 헤롯은 복음의 대적자였다고 볼 수 있습니다. 이때 교회가 함께 모여 합심하여 기도합니다. 이 네러티브의 가장 중심에 기도가 있는 것입니다:

	사도행전
A. 바나바와 사울이 예루살렘으로 향함	11:27-30
B. 헤롯의 교회 박해와 교회의 위기	12:1-4
C. 교회의 기도	12:5
C'. 베드로의 석방	12:6-19
B'. 헤롯의 죽음과 "말씀의 흥왕"	12:20-23, 24
A'. 바나바와 사울이 예루살렘으로 가서 부조함	12:25

여기서 헤롯의 박해는 어떤 박해였습니까? 지금까지 누가는 주로 예루살렘과 유대지역에 시선을 집중했습니다. 그 사이 두 차례 박해가 있었습니다. 우선 유대인 종교지도자들의 박해였습니다. 유대 최고법정(산헤드린)은 사도들과 교회를 위협했고

(4:29) 능욕했으며, 복음선포금지령을 내렸습니다 (5:40-41). 이것은 유대공식기관의 최대박해였습니다. 다음으로 유대인 전체입니다. 특별히 유대신학입니다. 이들은 스데반이 성전과 모세, 율법을 모독한다는 죄명으로 즉결사형(투석형)에 넘겼습니다 (7:57-59). 이 두 요소가 통합된 것이 사울의 박해입니다. 유대인의 공식기관의 박해와 유대교 신학이 결합한 박해인 것이지요. 사울은 이 박해를 유대로부터 갈릴리로 확대하고 외국까지 확장했습니다. 그런데 여기에 유대 정치계의 박해가 더해진 것입니다. 이 정치기관의 박해를 끝으로 변화가 일어납니다. 사도행전의 시선이 12장 이후에는 유대지역에서 이방지역으로 옮겨지는 것입니다. 이것은 어떤 흐름을 보여줍니다. 유대지역에서 박해가 확장될 뿐만 아니라 박해가 무거워지는 것입니다. 그리고 그 마지막이 헤롯박해인 것입니다. 이 박해가 사라지자 예루살렘과 유대, 사마리아 지역에서 "하나님의 말씀이 흥왕하여 더한" 것입니다.

그러면 왜 유대지역 최후최대 박해를 헤롯의

박해정책으로 묘사하고 유대지역 최대구원은 헤롯의 몰락으로 기술합니까? 이 질문에 대한 대답은 헤롯이 누구인지, 이 헤롯 때문에 예루살렘 교회에 어떤 그림자가 다가오는지 밝히는 과정에서 드러날 것입니다.

예루살렘 교회를 덮친 박해의 먹구름

시리아 안디옥 교회가 바나바와 바울을 사절로 파송했을 때, "헤롯은 교회에서 온 몇 사람들에게 손을 대어 악하게 행하려고" 했습니다(12:1).

헤롯 아그립바 1세(행 12:1)

여기서 헤롯은 헤롯 아그립바 1세(Herod Agrippa I; A.D. 41-44)입니다. 그는 헤롯 대제의 손자로서, B.C. 7년에 처형당한 아리스토불로스와 버니게 사이에 태어난 아들이었습니다. 아버지가 죽자 아그립바 1세는 어머니 버니게와 함께 로마로 건너가 철저하게 이교도로 자랐습니다. 사치와 방탕으로 빚이 끊이지 않았습니다. 헤롯 아그립바 1세는 로마에서 가이우스 갈리굴라(Gaius Julius Caesar Augustus Germanicus; 별명 Caligula; A.D. 12-41; 재위 A.D. 37-41)와 절친한 사이가 되었는데, 가이우스가 황제에 즉위하자 가이우스는 아그립바 1세에게 어울리지 않는 영화와 부귀를 주었습니다. 이전에 빌립과 루사니아가 다스리던 이두래와 드라고닛, 아빌레네를 "왕"(βασιλεύς)이라는 칭호와 함께 그에게 수여했습니다.[49] 이때가 A.D. 37년입니다. 헤롯 안티파스가 고올로 축출당한 뒤 갈릴리와 페레아 또한 아그립바 1세의 손아래 들어왔는데, 이 때가 A.D. 39년이었습니다.[50] A.D. 41년 가이우스가 죽고, 클라우디우스(Claudius; A.D. 10-54; 재위 A.D. 41-54)가 황제로 즉위한 뒤 아그립바 1세에게 유대아 지역을 또 주었습니다. 그래서 헤롯 아그립바 1세는 이전에 자신의 조부 헤롯 대제가 다스리던 영토를 모두 차지하게 됩니다.[51]

헤롯 아그립바 1세의 박해(행 12:1-3)

이때 헤롯 아그립바 1세는 세 가지 정책을 펴니

다. 첫째는 바리새파 전통을 철저히 옹호하는 종교 정책, 둘째는 예루살렘 북쪽에 새 성벽 건설 등 민족주의 정책, 셋째는 기독교 박해정책입니다. 이 모두는 철저하게 친유대인 정책이었고 친유대교 정책이었습니다.[52] 두 번째 정책은 시리아 총독 마르수스의 방해로 성공하지 못했으나, 첫 번째 정책과 세 번째 정책은 매우 성공적이었습니다(cf. 행 12:3).[53]

여기서 누가는 "헤롯이 손을 들어 교회에 악을 행했다"고 말합니다. 이 말 한마디로 새로 탄생한 교회에 가해진 박해의 성격을 완벽하게 표현하고 있습니다. A.D. 33-34년경 오순절 설교와 성전 설교 후에 일어난 박해는 유대교 공회 차원의 박해였습니다. 이것이 스데반의 죽음 이후에는 유대교 고위 조직과 유대인들의 조직적인 박해로 이어지고 유대아-갈릴리 지역 밖으로 확대될 예정이었습니다. 그러나 이 일은 부활하신 주님의 개입으로 사울이 회심함으로써 저지됩니다. 하지만 A.D. 37년부터 헤롯 아그립바 1세가 로마정부의 힘을 등에 업고 갈릴리 북부에서 유대아 지역까지 "교회에 악을 행하는" 것입니다. 이것은 약 40년 전(B.C. 4년경) 마치 헤롯 대제(B.C. 37-4)가 모든 정치력을 동원하여 아기 예수를 죽이려는 시도와 같습니다. 그러므로 헤롯 아그립바 1세의 박해는 점점 점증하는 박해의 수위가 최고조에 달했다는 것을 보여줍니다. 유대지역에서 일어난 최후최대의 박해였던 것입니다. 사도 야고보가 순교했습니다. 사도 베드로가 잡혔습니다. 만일 베드로 처형에 성공한다면, 아그립바 1세는 사도회 전체, 예루살렘 교회 전체를 "해하려" 할 것입니다. 이때 예루살렘 교회는 무엇을 했습니까? 이런 상황에서 오늘날 교회는 어떻게 해야 합니까?

예루살렘 교회의 기도(행 12:5, 12-16)

예루살렘 교회는 기도했습니다.

이에 [헤롯과 군인들은] 베드로를 감옥에 [가두고]

줄곧 빈틈없이 지켰다.

그러나 **교회**는 베드로를 위해

하나님께 간절히 줄곧 쉬지 않고 기도를 드렸

다(행 12:5).[54)

여기서 "간절히"($\dot{\epsilon}\kappa\tau\epsilon\nu\tilde{\omega}\varsigma$)라는 말은 본래 "단단
히", "강하게"라는 말입니다. 이 말은 누가가 예수
님의 겟세마네 기도를 묘사할 때 쓴 말입니다. 예
수님은 십자가를 앞에 두고 사투를 벌이며 기도하
셨는데, "더욱 간절히" 기도하셨습니다(cf. 눅 22:44).
그런데 누가는 이 말을 "이루어지니라"($\mathring{\eta}\nu\ \gamma\iota\nu o\mu\acute{\epsilon}\nu\eta$)
는 말과 결합합니다. 이런 표현은 동작의 지속성을
강조합니다.[55) 이것은 교회의 강렬한 기도가 오래
지속되었다는 것을 가리킵니다.

그뿐만이 아닙니다. 예루살렘 교회는 마치 '한
사람'처럼 기도했습니다. 여기서 "교회"를 단수로
표시했기 때문입니다. 사도행전에는 간혹 복수를
기대하는 상황에서 단수가 나오는 경우가 있습니
다. 의도적입니다. 예를 들면, 사도행전 9장에 등
장하는 중간요약입니다:

그리하여 온 유대와 갈릴리와 사마리아 교회
(sg. ἡ ἐκκλησία)가 평안하여 든든히 서 가고 주
를 경외함과 성령의 위로로 진행하여 수가 더
많아지니라(행 9:31).

유대와 갈릴리, 사마리아를 합하면 팔레스티나
절반입니다. 이 지역에 얼마나 많은 교회가 있습니
까? 그런데 한 교회라고 말합니다. 그 교회에 평화
가 있고, 그 교회가 든든하여 서 가며 수가 많아진
다는 것입니다. 교회의 하나됨을 강조하는 것입니
다. 그 하나됨의 핵심에 "주를 경외함과 성령의 위
로"가 있습니다. 그런데 이런 의도적인 표현이 기
도하는 예루살렘 교회에도 적용된 것입니다. 마치
교회 전체가, 마치 예루살렘과 유대지역 교회의 그
리스도인들이 모두 한 사람처럼 합심하여 기도한
것입니다. 이 사실을 본문 바로 뒤에서 확인할 수
있습니다:

[베드로가] 마가라 하는 요한의 어머니 마리
아의 집에 가니,

여러 사람이 거기에 모여 <u>기도하고 있더라</u>

(행 12:12).

여러 사람이 함께 "모여" 기도했습니다. "모였다"는 말은 예수님이 부활하신 날 저녁 베드로를 비롯한 열한 사도와 다른 제자들이 "모여 있어"(눅 24:33)라고 할 때나, 에베소에서 바울이 복음을 전할 때, 바울을 대적하기 위해 데메드리오가 다른 은세공업자 조합원들을 "모아"(19:25)라고 말할 때 쓴 말입니다. 따라서 예루살렘 교회가 한 기도는 골방기도가 아니었습니다. 각처에 흩어져 동시다발적으로 일으킨 개인기도도 아니었습니다. 이것은 공통제목을 가지고 한 장소에 같은 시간에 모여 드린 기도였습니다. 힘을 결집하여 오래 몰입하는 강렬한 기도였습니다.

전교회의 연약한 기대

예루살렘 교회가 이 기도를 드릴 때, 무슨 내용으로 기도했을까요? 성경은 "베드로를 위해"(12:5b)라고 말합니다. 그러나 구체적으로 무엇인지 알 수가 없습니다. 예루살렘 교회는 무엇을 기대했을까요? 이것 역시 분명하지 않습니다. 아마도 베드로가 석방되는 것을 바랐을 것입니다. 그러나 꼭 그렇지 않을 수도 있습니다. 이상한 점은 예루살렘 교회는 베드로가 오늘 밤에라도 건강하게 감옥문을 나오는 것을 기대하지 않은 것으로 보입니다. 이것을 어떻게 알 수 있습니까?

　　예루살렘 교회의 그리스도인들이 "간절히 오래도록 베드로를 위해 기도하고 있을 때", 베드로가 그 자리에 도착했습니다! 그런데 교회는 어떤 반응이었습니까? 베드로가 도착한 후에 일어나는 일들을 보면서 독자들은 많이 웃습니다. 베드로가 성도들이 기도하는 집 입구에 도착하여 문을 두드립니다. 로데라는 아이가 베드로의 목소리를 알아듣습니다(12:13). 아이는 너무도 기뻐서 문 열어 주는 것조차 잊어버리고 사람들에게 가서 베드로가 문 앞에 있다고 알립니다(12:14). 미쳤구나! 저기 있다구요! 단호합니다(διϊσχυρίζετο; 12:15a; cf. 눅 22:59). 베드로의 천사겠지!(12:15b). 문에서 계속 소리가 납니다. 실체가 있다는 증거지요. 하나 둘 듣고 모두가 가서 열어보니 베드로입니다!

기도 응답을 받은 것입니다.

그런데 예루살렘 교회는 "베드로를 보고 놀랍니다"(12:16). 문자적으로 "[혼이] 밖으로 나가고 [두려움에] 몸을 떤다"(ἐξέστησαν)는 뜻입니다. 이상하지 않습니까? 만일 그들이 기도한 내용이 베드로의 석방이었다면, 어떻게 베드로가 여기 와 있을 리가 없다고 생각하고, 베드로를 보고 기쁨대신 두려움을 느낄 수 있을까요?

예루살렘 교회의 기도와 하나님의 응답 사이에 큰 긴장이 있다는 것을 알 수 있습니다. 많은 사람들이 '이들의 기도에 진정성이 있었는가? 응답을 확신하는 기도였는가?' 묻습니다. 어떤 사람들은 이 기도가 무력한 기도였다고 평가합니다. 예루살렘 교회의 성도들은 그들이 기도한 내용을 믿지 않았기 때문입니다. 즉 그들은 베드로를 위해서 기도하면서도 그가 풀려날 것이라고 믿지 못했다는 것입니다.[56]

어떤 사람들은 성도들의 기도의 내용이 베드로

의 석방이 아니었을 것이라고 추측합니다. '어떤 다른 방식으로든 하나님이 보호하시고, 힘을 주소서' 하고 기도했다는 것입니다.[57] 하지만 과연 베드로의 평안과 가벼운 형벌을 위해 그렇게 오래 그렇게 간절히 기도했을지, 나아가 교회가 베드로는 야고보와 다른 판결을 받을 것이라고 기대할 수 있었을지 생각할 점이 많습니다.

또 다른 어떤 이들은 이 기도를 '역사하는 힘이 큰 의인의 간구'(cf. 약 5:16)로 보기도 합니다.[58] 하지만 과연 베드로의 탈출 소식을 들은 성도들의 반응을 야고보가 말한 의인의 간구와 조화할 수 있을지 생각하지 않을 수 없습니다.

여러 의견을 소개했습니다. 아직 모든 것이 명확히 드러난 것은 아니지만, 적어도 여기서 분명한 점이 있습니다. 그것은 예루살렘 성도들의 기도는 최선의 기도였다는 점입니다. 약하고 부족했으나 진정한 기도였습니다. 그런데 왜 믿지 못하고 두려워했던 것일까요? 그것은 기적이 너무 컸기 때문입니다. 하나님의 일하심이 그들이 이해하기에는 너무나 높았던 것입니다.[59] 예루살렘 성도들이 사람의 생각을 넘어서는 하나님의 일을 믿지 못하고 놀라워했다고 해서, 그들의 기도가 진정한 기도가 아니었다고 판단할 수는 없습니다. 컵 하나에 바다를 쏟으면서 왜 저 컵은 물을 다 담지 못하는가 하고 말할 수 없는 것과 같습니다. 예루살렘 교회의 반응은 도리어 기도의 본질이 무엇인가 생각하게 합니다.

지금까지 예루살렘 교회가 기도했다는 사실과 기도할 때 그 기대가 약했다는 점, 그럼에도 그 기도는 진정한 것이었다는 점을 살펴보았습니다. 그러면 교회가 합심하여 간절히 끈질기게 진실한 기도를 드리면서도 응답이 있을지 없을지 모를 수 있을까요? 하나님이 어떻게 얼마나 크게 일하실지 감도 잡지 못할 수도 있을까요? 그렇습니다. 바로 이것이 사도행전 12장에서 말하는 기도의 핵심입니다.

누가는 사도행전 12:5에서 "예루살렘 교회가 기도했다" 기록하고는 즉시 그 장면이 흐려지게 하고 시선을 이동하여 감옥 장면을 밝게 합니다.

그리고 베드로의 경과보고와 피신을 보도한 후에는 다시 헤롯의 이야기로 장면전환을 합니다. 그런데 이 두 연속장면은 사실은 예루살렘 교회가 기도한 내용에 대한 응답입니다. 문제는 예루살렘 교회가 기도할 때, 그들에게는 감옥에서 일어나는 놀라운 일들, 베드로의 움직임 등이 감추어져 있다는 것입니다. 그 증거가 로데의 말에 대한 그들의 반응이요(12:15), 살아서 건강하게 그들 앞에 선 베드로를 보았을 때, 그들의 놀람입니다(12:16). 그렇다면 예루살렘 교회가 기도할 때, 하나님은 어떻게 일하셨습니까? 오늘날 교회가 기도할 때, 하나님은 어떻게 일하십니까?

교회의 기도에 대한 하나님의 응답

예루살렘 교회의 기도에 대한 하나님의 응답은 두 사건에 있습니다. 하나는 베드로를 감옥에서, "헤롯과 유대인의 손"에서 구출하시는 것입니다. 다른 하나는 헤롯 아그립바 1세의 몰락입니다.

베드로의 구출(행 12:4-12)

헤롯은 베드로를 붙잡아 감옥에 가두고 지킵니다. 이때 헤롯은 베드로를 "4인조 군인들"에게 맡깁니다(12:4). 이들은 밤을 넷으로 구분하여 세 시간씩 교대로 지켰습니다. 둘은 베드로의 왼쪽에, 둘은 베드로의 오른쪽에 배치되었습니다. 아마도 각각 한 사람은 팔을, 다른 사람은 다리를 붙잡고 있었을 것입니다. 베드로는 이들 틈에서 잤습니다. 거기에 두 손에는 사슬착고가 있었으며(12:6, 7), 감옥 밖에는 다시 파수병이 지키고 있었습니다(12:7). 두 군인 중 하나가 자더라도 하나는 지킬 것이니 팔을 움직일 수 없고, 한쪽 군인들이 모두 잔다고 해도 다른 쪽 군인들까지 졸 수는 없으며, 네 명이 모두 잠든다 해도 두 손이 사슬로 묶여 있으니 어찌할 수 없고, 혹 군인들과 사슬을 풀어본다 해도 감옥 문이 잠겨 있고, 감옥문을 연다 해도 앞에 파수병이 지키고 있으니 쉽지 않습니다. 거기에 2단계 파수병(12:10a), 감옥 입구의 철문까지(12:10b), 이 8중 경계를 뚫고 탈옥할 수 있는 가능성은 제로입니다.

교회는 기도했습니다. 베드로가 이미 처형되었을 가능성부터[60] 무사히 석방될 가능성까지 온갖 생각이 기도하는 공동체를 휘감았을 것입니다(cf. 12:15, 16), 베드로는 포기하고 "잠을 잤습니다"(12:6). 그러나 하나님은 천사를 보내시고, "환상을 보는 것과 같은" 현실을 만들어 내셨습니다(12:9). 베드로는 거리에 나와서야 비로소 이것이 환상이 아니라 실제인 것을 "깨달았습니다":

> 내가 이제야 참으로 주께서 그의 천사를 보내어
> 나를 헤롯의 손과 유대 백성의 모든 기대에서
> 벗어나게 하신 줄 알겠노라(행 12:11).

여기서 두 가지를 주목해야 합니다. 첫째는 베드로가 "출애굽 용어"를 사용하여 자신이 구출된 것을 말한다는 것입니다. 주께서 "벗어나게 하셨다"는 "밖으로 끌어내다, 구원하다"(ἐξείλατο 12:11b)[61]는 말입니다. 그는 마가 집에 모인 성도들에게 하나님이 "밖으로 이끌어 내셨다"(ἐξήγαγεν 12:17; cf. 13:17)고 말했습니다.[62] 그러면 어디에서,

누구에게서 구출하시고 끌어내셨다는 말입니까? 이것이 두 번째 주목사항입니다. "헤롯의 손"과 유대인의 [간절한] 바램"입니다(12:11c). 헤롯과 유대인이 마치 애굽의 바로와 백성들의 위치에 있는 것입니다. 이들은 하나님의 일, 그리스도의 복음의 대적자들이 된 것입니다.

교회가 기도할 때, 하나님은 어떻게 응답하십니까? 하나님은 크게 일하십니다. 인간은 자기 수준에서 현재와 미래를 판단합니다. 예루살렘 교회의 성도들은 창조부터 종말까지 초월세계의 능력과 표적과 기사가 집중적으로 나타나는 몇 번 안되는 시대에 살았음에도, 이 점에서는 다른 시대의 사람들과 다르지 않았습니다. 야고보가 죽고, 베드로가 잡혔을 때, 그들은 교회에 몰려오는 거대한 박해의 세력을 보았을 뿐, 베드로의 구출이나 그 이후 교회의 존속 등 아무 것도 기대할 수 없었습니다. 그러나 하나님은 너무나 크셔서 인간의 상상 속에도 존재하지 않는 실제(reality)를 평범한 '일상'으로 가지고 계십니다. 자연법칙 위에 계시기 때문입니다. 하나님은 그분의 천사를 보내어 베드로를 끌어내셨습니다. 헤롯과 유대인들의 손에서 구출해 내셨습니다. 이들이 복음과 하나님 나라의 대적이 되었다면, 그들을 기다리고 있는 운명은 무엇입니까? 그것은 다른 것이 아닙니다. 바로 이스라엘을 뒤쫓던 바로와 애굽 군대의 운명이요, 이스라엘을 기습하려했던 아말렉의 운명입니다.

교회가 기도할 때, 하나님은 어떻게 응답하십니까? 하나님은 움직이십니다. 하나님은 크신 분이십니다. 헤롯은 로마제국의 힘을 등에 업고 유대인들의 적의가 체화된 것처럼 행동하면서 이제 태동한 교회를 박해해 왔습니다. 야고보는 순교했고 베드로가 붙잡혔습니다. 예루살렘 교회는 이 상황을 어떻게 생각했을까요? 사도들의 무력함이나 자신들의 부족을 보았을까요? 아닙니다. 그들은 하나님을 봅니다. '하나님이 어디 계신가? 이런 상황에는 하나님도 무력하신가?' 하고 묻습니다. 그러나 하나님은 헤롯보다 헤롯과 유대인이 결탁한 것보다 크십니다. 아니 그들 모두와 로마제국을 합한 것보다 크십니다. 베드로의 구출은 교회의 "출애굽"의 단면입니다. 또한 이 일을 이루신 하나님은 포기하지도 희망을 놓지도 않으신다는 증거입니다.

그러나 하나님이 교회를 보호하시고, 교회를 생각하시고 사랑하시는 일은 여기서 멈추지 않습니다. 예루살렘 교회는 이렇게 생각할 수 있습니다. '지금 베드로가 구출되었지만, 헤롯 아그립바 1세가 건재하다면, 교회는 계속 위험에 처해 있는 것은 아닌가?' 이런 불안은 하나님과 하나님이 하시는 일에 대한 시야가 넓지 않아서 생긴 것입니다. 그들은 "베드로를 위해" 기도했지만, 하나님은 더 크게 더 멀리 보십니다.

헤롯이 복음의 대적자로 나섰다면, 그는 하나님의 대적입니다. 과연 하나님은 이 대적에게 어떤 일을 행하실까요?

헤롯 아그립바 1세의 몰락(행 12:18-23)

다음날 아침이 되었습니다. 군인들 사이에 "적지 않은 소동"이 있었습니다(12:18). 아무 빈틈이 없는데, 베드로가 없어진 것입니다. 헤롯은 이 "소동"을 잔인하게 마무리한 뒤, 세 번째 정책, 곧 기독교 박해정책을 완성하지 못한채 가이사랴로 내려갑니다. A.D. 44년 헤롯은 거기서 갑자기 죽습니다.

사도행전은 그가 "지정된 날" "왕복"을 입고 연설하다가 두로와 시돈의 사절단에게 신으로 추앙되는 것을 거절하지 않았다는 것 외에 아무것도 기록하지 않습니다.[63] 이 "지정된 날"(ταχτὴ ἡμέρα)은 유대절기가 아니었습니다. 요세푸스에 따르면, 시저를 기리기 위한 축제일이었습니다.[64] 나아가 헤롯 아그립바 1세는 "왕복"을 입었는데, 전체를 은으로 짠 것이었습니다. 이 은 옷을 입고 해가 떠오르는 시점에 연극장에 등장했습니다. 햇빛에 반사되어 기이하게 보였습니다. 이 광경을 보고 거기 모인 사람들이 하나 둘씩 "당신은 죽을 인간적 존재 이상입니다"라고 외쳤는데, 헤롯은 이것을 저지하지 않았습니다.[65] 이것은 헤롯의 친유대정책이 얼마나 위선적이고 정치적인 것이었는지 보여줍니다. 헤롯은 유월절을 비롯한 유대절기와 유대 전통을 존중한 것 같았으나, 사실은 철저히 이교적이었습니다.

이때 한 부엉이(한 천사)가 헤롯의 머리 위에 있는 줄에 앉았는데, 곧 배에 통증을 느끼고 궁으로 돌아가 5일만에 죽었습니다.[66]

헤롯 아그립바 1세는 말년 4년 동안 권력을 즐기면서, 최근 50여 년간 자신보다 위대한 존재는 없을 것이라고 생각했을지 모릅니다. 방만한 생활도, 위선도, 교만도, 하나님의 교회를 대적한 것도 지혜로 여겼을지 모릅니다(cf. 전 8:11). 겨우 제국의 귀퉁이 땅을 차지하고도 사람이 이렇게 눈멀 수 있습니다. 정상에 있다고 여긴 그 순간에 헤롯은 꺾이고(cf. 단 4:30-31) 벌레의 전리품이 되었습니다 (cf. 행 1:18b; 사 66:24). 이것이 하나님을 대적하는 자의 최후입니다.

교회에 임한 평화

당시 헤롯 아그립바 1세의 박해정책이 예루살렘뿐만 아니라 유대아 전역에 얼마나 큰 위협이 되었는지 바울과 바나바가 자신들의 임무를 완수하고 귀환하는 행적에서 알 수 있습니다.

누가는 바나바와 사울의 파송과 안디옥으로 귀
환하는 일 사이에 헤롯 내러티브를 배치합니다.
"바나바와 사울이 예루살렘으로 돌이켰
다"(Βαρναβᾶς δὲ καὶ Σαῦλος ὑπέστρεψαν εἰς Ἰερουσαλήμ)
고 말합니다. 이것은 무슨 말입니까? "예루살렘으
로부터"(ἐξ/ἀπὸ Ἰερουσαλήμ) 돌이킨 것이 아닙니까?
여기서 전치사 에이스(εἰς)는 어떤 목표점을 향해
가는 것을 가리킵니다.[67] 하지만 이 문장은 문맥상
바울과 바나바가 예루살렘에서 봉사의 일을 마치
고 안디옥으로 돌아가는 것을 묘사하고 있는 것처
럼 보입니다. 따라서 여러 사본이 예루살렘을 출발
점으로 해석합니다.[68]

그러나 사도행전 12장 문맥 전체를 고려할 때,
에이스(εἰς)가 바른 읽기입니다. 이 구절은 사도행
전 11:30과 연결하여 해석해야 합니다. 바나바와
사울이 안디옥에서 예루살렘으로 오는 동안 헤롯
이 야고보를 죽이고 베드로를 잡아 감금하는 일이
동시에 일어났을 가능성이 큽니다. 그래서 바나바
와 사울은 바로 또는 먼저 예루살렘으로 가지 않
고 유대아의 다른 지역으로 가서 구제금(διακονία;

"봉사, 섬김"; 행 11:29-30)을 전달했거나 유대아 지역이 아닌 다른 지역에서 잠시 기다렸다가 예루살렘으로 들어가 전달했을 수 있습니다. 유대아와 예루살렘이 극히 위험했기 때문입니다. 그래서 그들은 예루살렘에 곧바로 들어오지 못하고 여러 곳을 경유하였고, 헤롯이 예루살렘을 떠나 가이사랴로 떠나자, "예루살렘으로" 돌이켰던 것입니다(12:25).

이것은 하나님과 복음의 대적이 제거되었고, '평화'가 임했다는 것을 의미합니다. 평화만이 아닙니다. 교회의 대적이 제거되자 "하나님의 말씀은 자라고 많아졌다"(12:24). 점점 고조되어 최고수위에 오른 박해는 "하나님의 손" 아래 들어가 흐름이 바뀌었습니다(cf. 행 4:30; 11:21).

본문의 메시지

1. 교회는 앞이 캄캄하고 모든 것이 불가능해 보여도 기도해야 합니다. 예루살렘 교회는 극심한 박해가 왔을 때 기도했습니다. 사도 야고보가 죽고

베드로마저 풀려날 가망이 없을 때, 성도들은 기도했습니다. 혹시 교회는 완전히 멸망하는 것이 아닌가 위기를 느꼈을 수도 있습니다. 예루살렘 교회의 그리스도인들은 베드로 없는 내일, 사도들이 없는 교회를 생각할 수 없었습니다. 베드로와 사도들뿐만 아니라 교회를 걱정하는 마음입니다. 외적인 상황과 자신들의 경험은 베드로가 석방될 가능성은 제로라고 말해도 그 기도를 멈추게 할 수 없었습니다. 오늘날 교회에도 이런 때가 얼마나 많습니까? 그러나 기도하지 않는 때가 얼마나 많습니까?

2. 교회가 합심하여 기도할 때, 하나님은 반드시 응답하십니다. 예루살렘 교회는 그들의 기도가 어떻게 응답 받을지 전혀 몰랐습니다. 얼마나 먼 안목을 가지고 기도해야 할지도 알지 못했습니다. 다만 "베드로를 위해" 기도했습니다. 교회는 기도할 때, 이미 하나님이 역사에 개입하셨다는 것을 알지 못했습니다. 이것은 철저히 감추어져 있었습니다.

그러나 누가는 기록합니다. 교회가 기도할 때,

하나님께서 어떤 일을 어느 규모에서 하시는지 보여줍니다. 지진이 일어나도 간수들은 잠들어 있습니다. 천사가 나타납니다. 베드로의 손에서 사슬이 끊어지고 감옥문이 열리고, 첫 번째 문과 두 번째 문이 열립니다. 그럼에도 소리하나 없습니다. 베드로가 뒤따르고, 예루살렘 시내 한복판에 서 있습니다. 마치 벽에 걸린 그림에서 감방 안 네 사람 사이에서 손과 발이 묶여 자고 있는 베드로를 지우고 다시 걸어 놓은 듯한 일이 벌어진 것입니다. 성경 기자는 이 과정을 세밀하게 기록합니다. 철저하게 알려야 할 사실로 그립니다. 후에 예루살렘 교회는 이 글로 그린 그림이 내는 소리를 분명히 들은 것입니다. 이 그림은 오늘날 신자들에게 얼마나 자주 말합니까? 하나님이 교회의 기도에 이렇게 응답하신다고. 그러나 오늘날 교회는 이 소리를 듣지 못하는 때가 얼마나 많습니까?

3. 교회의 신자들이 기도할 때, 하나님은 응답 과정을 모두 알려주시지 않습니다. 그러나 이것이 기도하는 신자들에게 큰 위로가 됩니다. 기도할

때, 우리는 모릅니다. 하나님께서 인간의 조건과 시공 속에서 일어나는 인과 관계를 초월하여 어떻게 일하시는지 전혀 모릅니다. 그럼에도 우리는 '봅니다'. 우리가 예루살렘 교회와 같은 상황에서 기도할 때, 하나님이 일하실 것을 믿음의 눈으로 봅니다. 이런 점에서 예루살렘 교회의 기도는 한 전형입니다. 이런 일이 얼마나 실제적이고 현실적인지 증언하는 전형입니다! 사도행전 12장은 신자가 기도응답을 받았을 때, 그 배후에는 합리와 논리로 가둘 수 없는 "하나님의 큰 일"이 있다는 것을 보여줍니다.

Soli Deo gloria!

1) Der *babylonische Talmud*, Bd. 1, tr. by L. Goldschmidt (Königstein: Jüdischer Verlag, 1980), 12; *Bill*. II, 269.

2) 판 브루헌은 예수님이 사람이 없는 외딴 곳에 가신 이유를 병을 고쳐준 일에 대한 감사로 명성을 얻는 일을 피하기 위한 것이었다고 설명했다(Van Bruggen, *Lucas*, 329). 이것은 해석자의 심리나 당시와 현대에 귀신을 쫓아내는 사람들의 심리를 예수님께 적용하는 오류이다.

3) 누가복음 3:21-22은 에게네토 데(ἐγένετο δέ)에 네 개의 부정사(βαπτισθῆναι, ἀνεῳχθῆναι, καταβῆναι, γενέσθαι)가 연결된 형태이다. 첫 번째 부정사와 두 번째 부정사 사이에 "예수께서 세례를 받으시고 기도하실 때/동안"이 독립분사구문으로 들어가 있다. 이렇게 하여 첫 번째 부정사는 예수님의 세례 사건의 배경을 묘사하고, 나머지 세 부정사는 세례를 받으시고 기도하실 때 나타나는 사건을 기술한다.

4) O. Cullmann, *Baptism in the New Testament* (Philadelphia: Westminster Press, 1978), 19-20; K. S. Han, "Theology of Prayer in the Gospel of Luke", JETS 43 (2000), 680: "Oscar Cullmann argues that the real meaning of Jesus' baptism was not completely established until his death and resurrection. Since Jesus prays before his crucifixion as well, his baptism not only inaugurates his public mission, it also proleptically indicates his death and resurrection."

5) 누가복음 3:22에는 "비둘기와 같은 형상으로"(εἴδει ὡς περιστεράν)라는 표현이 나온다. 탈무드 Chagiga 15a 에

서 랍비는 새끼를 품고 있는 비둘기를 말한다. 이것을 창
세기 1:2의 성령과 연결시킨다. *Der babylonische Talmud*,
Bd. 4, tr. by L. Goldschmidt (Königstein: Jüdischer Verlag,
1980), 284; cf. F. Godet, *Kommentar zu dem Evangelium
des Lukas* (Hannover: Verlag von Carl Meyer, 1890), 136.

6) J. van Bruggen, *Lucas. Het evangelie als voorgeschiedenis*
(Kampen: Kok, 1996), 113.

7) *Bill.* I, 397.

8) *Bill.* I, 397; *Bill.* IV/1, 225.

9) 회당예배에서 쉐마는 오래 전부터 예전에 포함되었다. *Bill.*
IV/1, 189: "Allein, die Stellung, die das Schema seits al-
ters in der synagogalen Gebetsliturgie eingenommen hat,
und ferner seine Umrahmung mit bestimmten Gebeten
haben es vielfach auch als Gebet erscheinen lassen." 하지
만 쉐마 자체는 기도라기보다는 고백문으로 낭송된 기
도문이었다.

10) *Bill.* II, 697-698.702; 유대인들은 아침 9-10시, 오후 3-4시
에 번제를 드렸는데, 상번제 시간은 자주 기도시간이기도
했다. 이것은 다니엘과 유딧서에서 찾아볼 수 있다: "곧
내가 기도할 때에 이전에 환상 중에 본 그 사람 가브리엘
이 빨리 날아서 **저녁 제사를 드릴 때** 즈음에 내게 이르렀
더라(단 9:21). "유딧은 땅에 엎드려 머리에 재를 뿌리고
속에 입고 있던 베옷을 드러냈다. 그리고는, 바로 그 때 예
루살렘에 있는 **하느님의 성전에서 저녁 향을 태우고 있
었는데**, 유딧은 주님을 향하여 큰소리로 이렇게 기도하였

다"(유딧서 9:1).

11) 아브라함은 아침 일찍이 일어나 여호와 앞에 서 있던 곳
   에 "섰는데"(창 19:27; cf. 시 106:30), 이것이 아침기도이
   다. 이삭은 저물 때에 들에 나가 묵상했는데(창 24:63), 이
   것이 낮기도를 가리키며, 야곱이 브엘세바에서 하란으로
   가는 길에 한 곳에 이르러 거기 누워잤는데(창 28:11), 이
   것이 저녁기도의 출발이다.

12) *Bill.* II, 697, 700.

13) *Bill.* II, 697; 쉐마 뒤 하나님의 구속을 찬양한 후 바로 이
   어서 "열여덟 기도문"(Achtzehngebet)이 이어진다. 아침
   쉐마는 대부분 해가 떠오르기 전에 하고 저녁 쉐마는 해
   가 진 후에 낭송했다.

14) Cf. N. Geldenhuys, *Commentary on the Gospel of Luke*,
   NICNT (Grand Rapids: Eerdmans, 1979), 318.

15) Cf. G. Dalman, *Die Worte Jesu mit Berücksichtigung
   des nachkanonischen jüdischen Schrifttums und der ar-
   amäischen Sprache*, Bd. 1: *Einleitung und wichtige Begriffe
   mit Anhang: A. Das Vaterunser, B. Nachträge und Berich-
   tigungen* (Leipzig: Hinrichs, ²1930), 155.

16) Dalman, *Worte Jesu*, 157.

17) 여기서 맨 뒤에 나오는 "아-"(א--)는 아람어에서 정관사이
   다. 따라서 "그 아버지"로 번역할 수 있고, 헬라어로는 호
   파테르(ὁ πατήρ)에 해당한다.

18) 달만은 누가복음 11:2에서 예수님이 아버지(파테르)라
   고 불렀을 때, 이 호칭이 아바(אבא)를 가리킬 수 있다고
   말한다. 그런데 이 아바라는 말이 많은 자녀들의 아버지
   를 가리키기도 하기 때문에, 아바라는 말이 실제로는 히

브리어 아비누("우리 아버지")를 뜻할 수도 있다는 점을
밝혔다. 따라서 유대주의에서 아바라는 호칭 뒤에는 더
엄숙한 표현인 아부나(אֲבוּנָא; "우리 아버지") 또는 아부난
(אֲבוּנַן; "우리 아버지")이 있는 것이다. Cf. Dalman, *Worte
Jesu*, 157

19) Dalman, *Worte Jesu*, 157.

20) Jeremias, *Neutestamentliche Theologie. 1. Teil: Die
Verkündigung Jesu* (Gütersloh: Gütersloher Verlaghaus,
1971), 71-72: "In Jesu Tagen war ʾabba längst nicht mehr
auf die Kleinkindersprache beschränkt. Auch die er-
wachsenen Kinder, Söhne wie Töchter, redeten jetzt ihren
Vater mit ʾabba an. Daß man außer dem Vater auch äl-
tere Respektspersonen mit ʾabba anredete, zeigt, z.B. die
(in vorchristlicher Zeit spielende) Geschichte von Ḥanin
ha-neḥba"; O. Cullmann, *Prayer in the New Testament*
(London: SCM Press, 1995), 41.

21) Jeremias, *Neutestamentliche Theologie I*, 72.

22) Jeremias, *Neutestamentliche Theologie I*, 73.

23) Cf. Godet, *Lukas*, 358.

24) Cf. J. B. Green, *The Gospel of Luke*, NICNT (Grand Rap-
ids: Eerdmans, 1997), 450.

25) A. Fridrichsen, "Exegetisches zum Neuen Testament",
Symbolae Osloensis 13 (1934), 41.

26) NA[27]과 UBS에는 물음표(;)가 없다. 이것이 문제이다: "τίς
ἐξ ὑμῶν ἕξει φίλον ... οὐ δύναμαι ἀναστὰς δοῦναί σοι." 이
문장은 뒤에 "... σοι;"로 읽는 것이 옳다.

27) A. M. Rihbany, *The Syrian Christ* (Boston: Houghton

Mifflin, 1916), 200-201; (London: Andrew Melrose LTD, 1919), 143.

28) K. Bailey, 『중동의 눈으로 본 예수님의 비유』, 오광만 옮김(고양: 이레서원), 207-209.

29) "ἀναίδεια", LSJ, 105; Moulton-Miligan, *The Vocabulary of Greek Testament*, 33; 70인역, 예를 들어, 신 28:50; 삼상 2:29; 잠 7:13; 21:29; 25:23; 전 8:1; 사 56:11; 렘 8:5; 단 8:23; 단(TH) 2:15; 8:23; 시락서 23:6; 25:22; 26:11; 40:30; 바룩서 4:16; Josephus, *Ant.* XVII 119; *Vita.* I 131; *BJ.* I 224 등이 있다.

30) 고대라틴역과 불가타: "*improbitatem*"; 콥트어 las/melas; 시리아 하사프(ḥaṣaf) 등이다. Cf. Bailey, 『중동의 눈으로 본 예수님의 비유』, 217.

31) 첫째 의미를 취하는 번역본들로는 Vul: *improbitatem*("뻔뻔함, 몰염치"); SVV: onbeschaamdheid ("부끄러움을 모름"); NIV: audacity ("대담무쌍; 뻔뻔스러움"); L45: un-verschämtes Geilen; ELB: Unverschämtheit 등이 있다. 둘째 의미를 취하는 번역본들로는 KJV: importunity ("끈질기게 조름 또는 재촉함"); NASB: persistence 등이 있다.

32) Bailey, 『중동의 눈으로 본 예수님의 비유』, 217.

33) Cf. 딤전 2:9; 히 12:28 𝔐.

34) 이 부정을 아프리바툼(α-privatum)이라 부른다. 모음이 치므로 가운데 뉜(v)을 추가한다: ἀν + αἰδώς. 여기에 여성어미를 붙여 추상화한다: ἀναίδεια.

35) Fridrichsen, "Exegetisches zum Neuen Testament", 42-43; Cf, J. Jeremias, *Die Gleichnisse Jesu*, 5. Aufl. (Göttingen: Vandenhoeck & Ruprecht, 1958), 137-138; Bailey, 『중동

의 눈으로 본 예수님의 비유』, 223-226.

36) mPes 10,7; 이때 시편 114-118을 두 번에 걸쳐 나누어 부른다. 김영호, 『사복음서』(미출판), 제 12강을 참조하시오.

37) 김영호, 『사복음서』(미출판), 제 12강을 참조하시오.

38) 김영호, 『하나님의 나라와 그리스도의 십자가』(미출판), 제 7장을 참조하시오.

39) Van Bruggen, *Lucas*, 378.

40) 페사아(עשֶׁפַ)는 죄와 동의어이기도 하고(창 31:36), 악/악행과 같은 개념이기도 하다(사 50:1). 이 세 개념은 하나로 수렴한다. 모두 하나님을 사랑하고 그분의 계명과 뜻에 순종하는 것의 반대이다(출 34:7).

41) 본문은 인용부호 토(τό)로 시작한다: τό· καὶ μετὰ ἀνόμων ἐλογίσθη.

42) 이것은 예정된 어떤 행동이 생략되는 효과를 낳는다. 누가복음에서 이런 현상을 자주 발견할 수 있다. 예를 들면, 누가복음 22:37 이다. 여기서 예수님은 이사야 53:12을 인용하신다: "그가 범죄자 중 하나로 헤아림을 받았느니라. 그가 많은 사람의 죄를 담당하며 범죄자를 위하여 기도하였느니라". 그런데 예수님은 앞부분만 인용하시고, 나머지는 생략하신다. 이렇게 생략한 부분를 바로 뒤이어 나오는 겟세마네 기도가 채운다(눅 22:39-46).

43) K. Bailey, *Poet and Peasant. A Literary Cultural Approach to the Parables in Luke* (Grand Rapids: Eerdmans 1976),186.

44) A. Plummer, *A Critical and Exegetical Commentary on the Gospel According to S. Luke*, ICC (Edinburgh: T & T Clark, 1977), 506: "and what is more"로 해석하였다.

45) E. J. Young, *The Book of Isaiah: The English Text, with Introduction, Exposition, and Notes, Vol. 3: Chapters 40-66* (Grand Rapids: Eerdmans, 2000), 358-359.

46) G. Vos, *Dogmatiek. Deel V: Ecclesiologie, Media Gratiae* (Grand Rapids, 1910), 149.

47) 누가의 묘사는 현대 영화에서 장면전환 기법 중 크로스페이드(crossfade)나 크로스디졸브(crossdissolve)를 닮았다.

48) 마샬, 『사도행전』, 332: "그 이야기가 생략되었을지라도, 우리는 그 이야기의 존재를 눈치채지 못했을 수 있다."

49) Cf. Josephus, *Ant.* XVIII 6,10,237.

50) E. Schürer, *A History of the Jewish People in the Time of Jesus Christ* II/1 (Peabody: hendrickson, 2010), 35-36, 150-155.

51) Cf. Josephus, *Ant.* XVIII 7,1-2; XIX 8,2,351; *Bell.* II 9,6.

52) Schürer, *History of the Jewish People*, 158-165.

53) 헤롯 아그립바 1세가 얼마나 바리새인들과 유대인들의 마음을 얻었는지에 관해서는 mSota 7,8; Schürer, *History of the Jewish People*, 156-157을 보라.

54) 사도행전 12:5은 두 문장으로 되어 있다. 둘다 수동문장이다. 대조문장으로 대조의 대상은 베드로와 기도이다. 번역해 보면, "이에 베드로는 감옥에 갇혔고, [군인들은 그를] 지켰다. 그러나 교회는 그[베드로]를 위하여 간절히 하나님께 기도했다"(προσευχὴ δὲ ἦν ἐκτενῶς γινομένη ὑπὸ τῆς ἐκκλησίας πρὸς τὸν θεὸν περὶ αὐτοῦ)이다.

55) HS § 203. 이런 표현을 용장활용 또는 컨융가치오 페리프라스티카(*coni. peri.*)라고 한다. 코플라(εἰμί)의 진행/상태와 동사의 표현력이 결합하여 동사로 표현한 동작이 지

속되는 것을 부각한다. 사가랴가 성전에 들어가 분향할 때 나올때까지 백성들이 기도하면서 기다리는 장면이나 (눅 1:10 ἦν ... προσευχόμενον) 예수님이 승천하실 때, 제자들이 서서 예수님의 승천 장면을 계속해서 보고 있는 모습을 예로 들 수 있다(행 1:10 ὡς ἀτενίζοντες ἦσαν).

56) J. A. Alexander, *A Commentary on the Acts of the Apostles*, GSC (London: The Banner of Truth Trust, 1963), Vol. I, 453.

57) D. L. Bock, *Acts*, BECNT (Grand Rapids: Baker Academic, 2007), 426; cf. Alexander, *Acts* I, 446.

58) F. F. Bruce, *The Book of the Acts*, NICNT (Grand Rapids: Eerdmans, 1988), 235.

59) Cf. J. Roloff, *Die Apostelgeschichte*, NTD 5 (Göttingen: Vandenhoeck & Ruprecht, [17(1)]1981), 190; E. Haenchen, *Die Apostelgeschichte*, KEK III (Göttingen: Vandenhoeck & Ruprecht, [16(7)]1977), 328.

60) 만일 "그의 천사"라는 말을 "베드로의 영혼"이라고 해석한다면, 예루살렘 교회는 베드로가 처형될 가능성을 깊이 생각하고 기도했을 것이다. Cf. F. W. Grosheide, *De Handelingen der Apostelen I: Hoofdstukken 1-14*, KNT(A) V/1 (Amsterdam: Van Bottenburg, 1942), 390.

61) 부정과거, ἐξαιρέω. Cf. 출 18:10: "이드로가 이르되 여호와를 찬송하리로다 너희를 애굽 사람의 손에서와 바로의 손에서 건져내시고 백성을 애굽 사람의 손 아래에서 건지셨도다(ἐξείλατο; 부과, 중.).

62) 여기에 나타난 "건져내고 ... 이끌어 내었다"는 표현은 출애굽 사건을 기술할 때 쓰인 표현이었다. Cf. 출 3:7-8,

10: "내가 내려가서 그들을 애굽인의 손에서 건져내고 그
들을 그 땅에서 인도하여 아름답고 광대한 땅…에 데려
가려 하노라"(καὶ κατέβην ἐξελέσθαι [inf. aor. ἐξαιρέω]
αὐτοὺς ἐκ χειρὸς Αἰγυπτίων καὶ ἐξαγαγεῖν αὐτοὺς ἐκ τῆς
γῆς ἐκείνης); Cf. 갈 1:4.

63) 헤롯의 갑작스러운 죽음에 대해서는 사도행전 12:20-23;
Josephus, *Ant.* XIX 343-352; Eusebios, *h.e.* II 10, 1-10을
보라.

64) Josephus, *Ant.* XIX 343; Eusebios, *h.e.* II 10,3.

65) Josephus, *Ant.* XIX 344-346; Eusebios, *h.e.* II 10,4-5.

66) Josephus, *Ant.* XIX 346("부엉이"); Eusebios, *h.e.* II 10,6
("한 천사").

67) Cf. 눅 24:52 ὑπέστρεψαν εἰς Ἰερουσαλήμ; 에이스(εἰς)
가 "방향"과 "장소"를 동시에 가리키는 예로는 히 11:8
ἐξελθεῖν εἰς τόπον ὃν ἤμελλεν λαμβάνειν εἰς κληρονομίαν
을 들 수 있다; Cf. 히 11:9 πίστει παρῴκησεν εἰς γῆν τῆς
ἐπαγγελίας ὡς ἀλλοτρίαν ἐν σκηναῖς κατοικήσας.

68) 𝔓⁷⁵ A ἐξ; D E ἀπό.